Peter Thiesen
Komm, lass uns was entdecken!

Peter Thiesen, Dipl. Sozialpädagoge, Oberstudienrat an der Fachschule für Sozialpädagogik in Lübeck. Er ist Autor und Herausgeber von zahlreichen Standardwerken zur Spiel-, Sozial- und Schulpädagogik.

Peter Thiesen

Komm, lass uns was entdecken!

188 Spiele zum Erkunden und Experimentieren

Bei Fragen und Anregungen wenden Sie sich bitte an unsere Berater:
Marketing, 14328 Berlin, Cornelsen Service Center,
Servicetelefon 030 / 89 785 89 29

Weitere Informationen finden Sie im Internet unter:
www.cornelsen.de/fruehe-kindheit

Bibliografische Information: Die Deutsche Bibliothek verzeichnet diese Publikation in der Deutschen Nationalbibliografie; detaillierte bibliografische Daten sind im Internet über http://dnb.ddb.de abrufbar.

1. Auflage 2011
© 2011 Cornelsen Verlag Scriptor GmbH & Co. KG, Berlin

Lektorat: Ingrid Samel, Schriesheim
Herstellung: Uwe Pahnke, Berlin
Satz: Markus Schmitz, Büro für typographische Dienstleistungen, Altenberge
Druck und Bindung: fgb · freiburger graphische betriebe, Freiburg
Umschlaggestaltung: Claudia Adam Graphik-Design, Darmstadt
Titelfotografie: Anja Doehring, Lübeck
Illustrationen: Barbara Hömberg, Hamburg

Printed in Germany

ISBN 978-3-589-24720-2

Inhaltsverzeichnis

Vorwort

Durch spielerische Versuche und entdeckendes Lernen erforschen bereits Kleinkinder ihre Umwelt. Sie setzen sich mit ihr auseinander, indem sie Küchenschränke, Zimmer, Geräte, Pflanzen und Naturprodukte ergründen, und machen sich diese durch sinnliche Erfahrungen zu eigen.

Das Kennenlernen und Ausprobieren der Eigenschaften und des Verhaltens von Materialien – auch beim Auseinandernehmen von Dingen – liefern dem Kind wichtige Impulse für seine geistige Entwicklung.

Kindliches Experimentieren sollten wir nicht unterbinden, sondern eher in sinnvolle und ungefährliche Bahnen lenken. Dafür stellen wir dem Kind geeignete Materialien zur Verfügung, die seine Neugier, Entdeckerfreude und Fantasie ebenso anregen und befriedigen wie dessen Lust am aktiven Handeln und Tätigsein. So lernt es Dinge, Gegenstände, Zusammenhänge und Abläufe im wahrsten Sinne des Wortes zu „begreifen" und zu „erfassen".

Dieses Praxisbuch widmet sich dem vielseitigen Einsatz von Experimentier-, Beobachtungs- und Erlebnisspielen in Kindergarten, Hort und Grundschule. Die erprobten Angebote entsprechen in besonderer Weise dem Bedürfnis nach eigenständiger Aktivität, nach Ausprobieren und Erforschen. Das Kind lernt spielerisch, wie eine Sache entsteht und funktioniert, während gleichzeitig sein anschaulich-kreatives Denken, seine Sprache sowie die Motorik geübt und körperliche Funktionen gefördert werden. Fähigkeiten also, die positive Voraussetzungen für schulisches Lernen sind.

Als „Werkzeug- und Stoffsammlung" für die tägliche Praxis orientiert sich diese Handreichung für Pädagoginnen in Frühpädagogik und Grundschule am Erfahrungsraum, den Bedürfnissen Kenntnissen und motorischen Fertigkeiten der Kinder. Die Spielangebote lassen sich sinnvoll in den Tagesablauf einbauen und je nach Bedarf zu Spielfolgen zusammenstellen.

Peter Thiesen

Neugierde, Wissensdurst und Experimentierfreude — Wie Dinge funktionieren und wie man etwas macht

Etwa ab dem dritten Lebensjahr verändert sich das Denken des Kindes grundlegend. Es kann immer besser vorplanen und nachdenken, d. h. es beginnt sein Denken und Handeln zeitlich voneinander zu trennen. Das Kind entwickelt ein bildhaftes Vorstellungsvermögen und erweitert seinen Wortschatz. Allmählich, aber zunehmend, wird sein Tun vom Denken kontrolliert.

Neugier, Fragen und Nachdenken machen deutlich, dass drei- bis vierjährige Kinder sich nicht nur an rein äußerliche, sichtbare Dinge und Abläufe halten, sondern sich auch immer mehr für verborgene Ursachen interessieren und diese herausfinden möchten.

Die Sinne entwickeln sich stetig zu ihrer endgültigen Leistungsfähigkeit. Durch Umweltreize und immer neue, interessante Spiel- und Handlungsangebote fördert die Pädagogin schon jetzt die Wahrnehmungsfähigkeiten (z. B. differenzierte Formwahrnehmung, Erkennen räumlicher Beziehungen) und die gezielte Beobachtungsgabe des Kindes. Für seine geistige und sozial-emotionale Entwicklung ist die visuelle und auditive Wahrnehmung von zentraler Bedeutung. Das Kind nimmt optische und akustische Reize auf, unterscheidet und verbindet sie mit früheren Erfahrungen und interpretiert sie. Diese Vorgänge fordern und üben die Konzentration, Aufmerksamkeit und Unterscheidungsfähigkeit des Kindes.

Im fünften und sechsten Lebensjahr sind Neugierde, Wissensdurst und Experimentierfreude der Kinder fast unbegrenzt. Alles wird untersucht, auseinandergenommen, erforscht und erprobt. Sie nehmen ihre Umwelt immer genauer und realistischer wahr und entwickeln eine Vielzahl neuer Interessen. Noch immer gilt in diesem Alter das Lernen durch Tun und Erfahren.

Beobachtungs- und Experimentierspiele sind geeignete Mittel, Erklärungen durch anschauliche Beispiele zu verdeutlichen. Die Erklärung, dass z. B. alle leichten Gegenstände auf dem Wasser schwimmen, während alle schweren untergehen, werden vom Kind zu leicht falsch verstanden und verallgemeinert. Stellt die Pädagogin das zu vermittelnde Wissen durch eine anschauliche Demonstration anhand einer experimentellen Spielsituation dar und ergänzt das zu Beobachtende sprachlich, so durchdenkt und erfasst das Kind die Zusammenhänge. Es fragt nicht nur nach dem „Warum" als dem Ursprung der Dinge, sondern will jetzt auch wissen, „wie" Dinge funktionieren und „wie" man etwas macht.

Beobachtungs- und Experimentierspiele entsprechen dem Bedürfnis nach Aktivität, Erkunden, Ausprobieren und Entdecken. Lebensnahe, den alterstypischen Bedürfnissen Rechnung tragende Spielimpulse und Angebote helfen dem Kind, die materielle Welt besser zu begreifen. Durch Beobachten und Experimentieren sammelt es eigene Erfahrungen und kann schon jetzt die Entstehung einer Sache (z. B. von Regen und Elektrizität) erfassen. Es erkennt Funktionszusammenhänge, deren Bedeutung und Eigenart. Die 200 Spiele dieses Buches regen die Kinder an, sich intellektuell und psychomotorisch mit spielerischen Problemstellungen auseinanderzusetzen und den Umgang mit vielfältigen Materialien auszuprobieren. Zudem besitzen die Spielvorschläge einen hohen Aktivitätsgrad, fördern anschaulich-kreatives Denken und vermitteln den Kindern Erfolgserlebnisse.

Kindgemäße Spiel-, Lern- und Erlebnisformen

Erforschende und experimentelle Spiele und Übungen bieten unter dem Gesichtspunkt ganzheitlicher Förderung dem Kind die Möglichkeit, seine Welt Schritt für Schritt besser erklären zu können. So wird die Pädagogin eine bunte Fülle belebter und unbelebter Objekte aus der Umwelt auf spielerische Weise für das Kind erfahrbar machen.

In Kindergarten, Hort und Grundschule lernen Kinder am besten beim:

Spielen

Entdeckungsspiele sollten, wie das kindliche Spiel überhaupt, in erster Linie der individuellen Spiel- und Lebensfreude dienen und die Lust am Beobachten, Aufpassen, Nachdenken, Planen und Problemlösen entwickeln und steigern. Im Spiel entwickelt das Kind Fantasie und wird zu unterschiedlichen Tätigkeiten und gemeinsamem Tun ermuntert. Spielen fördert soziales Verhalten, vermittelt demokratische Normen und Werte (z. B. Toleranz, Regelverständnis, Rücksichtnahme) und vermittelt Erfolgserlebnisse.

Experimentieren

Wir können beim Experimentieren auch von „Untersuchen und Probieren durch handelndes Tun" sprechen. Bei Experimenten werden Beobachtungsgabe, Ausdauer und Konzentrationsfähigkeit gefördert. Experimente müssen geplant werden, ohne dass dabei das Ergebnis vorweggenommen wird. Bei der Durchführung sollte jedes beteiligte Kind probieren können. Nach der Durchführung erfasst die Pädagogin gemeinsam mit dem Kind die Beobachtungsdaten und hält die Ergebnisse fest. Experimente können von jedem Kind selbst (Einzelversuch) oder von Kleingruppen (3–4 Kindern) aufgebaut und durchgeführt werden. Als „Demonstration" kann auch die Erzieherin ein Experiment vorführen.

Fragen, die sich die Pädagogin vor der Durchführung von Experimenten stellt:

- Was will ich mit den Kindern ausprobieren?
- Welche Materialien, Gegenstände, Hilfsmittel benötige ich dazu?
- Wie wird das Experiment begonnen und wie beziehe ich die Kinder aktiv ein?
- Was müssen dann die Kinder/wir gemeinsam dabei beachten?
- Was können die Kinder bei dem Experiment beobachten?
- Welche Erklärungen gibt es dafür?
- Wo können die Kinder ähnliche Beobachtungen machen?
- Was können wir bei dem Experiment lernen?

Beobachten

Veränderungen werden vom Kind bewusst erfasst (z. B. Keimvorgang von Pflanzen: Kresse, Blumen, Bohnen usw.). Die Beobachtungsfähigkeit und somit die Verbesserung der Wahrnehmungsfähigkeit kann durch kindgemäß durchgeführte Versuche und Experimente, durch Besuche, Besichtigungen und durch das Untersuchen von Dingen gefördert werden.

Betrachten

Beim Betrachten von Lebewesen, Gegenständen, Fotos, Bilderbüchern u. Ä. kommt es zum bewussten Sehen und Erfassen von Merkmalen, Formen, Farben und Größenverhältnissen.

Feststellen, Erkennen, Benennen, Verbalisieren

Ergebnisse (z. B. am Ende des Experiments oder in Form eines gemalten Bildes) lassen wir in der Sprache der Kinder wiedergeben und festhalten. Dieser Vorgang führt zur gedanklichen Vertiefung und Festigung.

Vergleichen

Die Kinder stellen Ähnlichkeiten, Gemeinsamkeiten oder Unterschiede (z. B. von Tieren, Pflanzen, Vorgängen in der Umwelt und Natur) fest und trainieren bei diesem Vorgang das logische Denken.

Sammeln

Der Mensch ist Sammler. Kinder finden Dinge in der Natur, z. B. im Garten Blätter, Früchte und Pflanzen, im Wald Tannenzapfen und Äste, Wurzeln und Moos, am Strand Steine, Muscheln und leere Schneckengehäuse. Alle gesammelten Gegenstände bieten Anlass zum Untersuchen, Spielen, Sprechen und schöpferischen Tun.

Herstellen, Konstruieren, Bauen, Modellieren

Diese Tätigkeiten werden auch als „Denken der Hand" bezeichnet. Die notwendige gedankliche Klärung erfolgt während des Vollzugs. Das anschauende Auge, das registriert und vergleicht, setzt hier den Denkprozess in Gang. Bei unseren „Entdeckungsspielen" können die Kinder mithilfe vielfältiger Materialien ihre Einfälle verwirklichen.

Zeichnen / Malen

Das Zeichnen und Malen ist eine Aktivitäts- und Lernform von besonderem didaktischem Wert. Kinder im Vorschulalter verarbeiten in ihren Zeichnungen und Malereien meist auch emotional bewegende Eindrücke aus ihrer Lebensumwelt.

Sprechen

In Gesprächen werden Gedanken, Ideen und Begriffe geklärt, Vorstellungen erweitert, vertieft und ggf. korrigiert. Gespräche (z. B. über den Sinn und Unsinn von Verpackung oder die Notwendigkeit der Körperpflege für die Gesundheit) fördern die Sachlichkeit des Denkens.

Lernprinzipien

Um die komplizierten Vorgänge in unserer Umwelt und Natur anschaulich und für die Kinder verständlich darbieten zu können, berücksichtigen wir bei unserem pädagogischen Vorgehen die wichtigsten Prinzipien zur Stützung von Lernvorgängen:

Prinzip der Anschauung

Die Kinder lernen in der direkten Begegnung mit dem Objekt. Sie nehmen es nach Möglichkeit mit allen Sinnen wahr, d. h., sie riechen, betasten, sehen und schmecken den Gegenstand. Nur wenn der reale Gegenstand nicht als Objekt der Anschauung besucht oder in die Einrichtung gebracht werden kann, begnügen wir uns mit Anschauungsmitteln wie Bildern, Modellen, Filmen und Zeichnungen. Ansonsten werden Medien unterstützend eingesetzt.

Prinzip der Aktivität

Durch praktisches Tun, Spielen, Experimentieren, Ausprobieren, Beobachten und Vergleichen wird das Kind zur Unabhängigkeit, Selbstbestätigung und Entscheidungsfähigkeit geführt. Aktives Handeln des Kindes ist ein durchgängiges Prinzip bei all unseren Erlebnis- und Experimentierspielen (learning by doing).

Prinzip der Übung

Schon sehr kleine Kinder trainieren körperliche Funktionen durch ständiges Üben. Übung ist eine kindliche Betätigungsform. Ohne Übung ist ein Lernfortschritt nur schwer denkbar. Das Ziel der Übung ist die Festigung von Fähigkeiten und Fertigkeiten. Das Üben geschieht in Teilschritten „vom Leichten zum Schweren" und wird von der Pädagogin beobachtet. Die Pädagogin gibt Hilfestellung durch eventuelle Korrekturen.

Prinzip der Lebensnähe

Bei diesem Prinzip geht es um die Auseinandersetzung mit Inhalten, die dem Kind Erfahrungen mit seiner Umwelt ermöglichen, gleichgültig, um welches Bildungsgut es sich handelt. Sinnvollerweise werden wir Kinder erst mit der heimischen Umwelt und Natur vertraut machen, bevor wir uns mit Überseeregionen befassen.

Prinzip der Kindgemäßheit

Die Pädagogin wird ihre Angebote stets unter Berücksichtigung des Entwicklungsstandes und der alterstypischen Besonderheiten des Kindes planen. Beim Umgang mit dem Kind sind seine Wünsche, Bedürfnisse, Interessen und Neigungen zu berücksichtigen und die Wissensinhalte in kindgemäßer Art anzubieten. Kindgemäßes Lernen bedeutet spielendes Lernen.

Prinzip der Individualisierung

Bei unseren Lernangeboten wird die Pädagogin berücksichtigen, dass wir es mit Kindern verschiedener sozialer Herkunft und mit unterschiedlicher Entwicklungs- und Lerngeschichte zu tun haben. Dies gilt auch für unterschiedliche Vorerfahrungen, die Kinder in ihren Familien gemacht haben. Die Pädagogin wird versuchen, die Kinder unter Anerkennung ihrer eigenständigen Persönlichkeit und unter Berücksichtigung ihres individuellen Arbeits- und Lerntempos anzuleiten und zu fördern.

Prinzip der Variabilität

Damit die Kinder bei unseren Erlebnis- und Experimentierspielen den Lernverlauf mitsteuern können, nutzen wir die Themen- und Medienvielfalt. Beweglichkeit beim Ansteuern der Ziele, variierende Wiederholungen zur Einübung und eine Vielfalt an Material- und Medienangeboten fördern die geistige Flexibilität und Spontaneität der Kinder.

Kinder lernen spielerisch. Im Spiel erobern sie sich die Welt. Kinder lernen ganzheitlich, d.h. Sinne, Geist, Seele und Körper sind beim Lernen aktiv beteiligt. Kinder lernen vourteils- und konkurrenzlos. Sie wollen sich selbst und ihre Beziehungen zu anderen Menschen oder zur Umwelt perfektionieren. Spielerisches Lernen ist für Kinder ein sozialer Akt im gegenseitigen Austausch mit anderen. Dieses Buch bietet vielseitige Spielimpulse, den Wissensdurst entdeckungsfreudiger Kinder zu löschen.

Hinweise zur Handhabung der Spielesammlung

Die in der Kindergarten- und Grundschulpraxis ausführlich erprobten Spiel- und Übungsangebote orientieren sich an den kindlichen Spielbedürfnissen 3- bis 10-Jähriger.

Im Sinn einer ganzheitlichen Förderung wurden die Spielangebote nach den Lernprinzipien Anschauung, Aktivität, Lebensnähe, Kindgemäßheit, Individualität und Differenzierung zusammengestellt.

Jedes Spiel enthält neben der Spielbeschreibung und den entsprechenden didaktisch-methodischen Hinweisen Angaben zum Spielort, zum Alter, zur Spielerzahl, zu Variationsmöglichkeiten und zum Material.

Unter dem Stichpunkt „Geförderte Kompetenzen" werden kurze Hinweise zu den angestrebten Zielen und Förderungsabsichten des jeweiligen Spiels gegeben.

Da der Entwicklungsstand von Kind zu Kind unterschiedlich sein kann, enthalten die meisten Spiele nur grobe Altersangaben (Mindestalter).

Die Spieldauer wird von der Lust und den Bedürfnissen der Teilnehmer bestimmt.

Zeichenerklärung:

  Spiele im Haus (Gruppenraum, Zimmer, Turnhalle)

  Spiele im Freien (Kindergartengelände, Schulhof, Spielplatz, Wiese, Park, Wald)

  empfohlene Altersgruppe

  Teilnehmerzahl

Von Seifenblasenfabriken, UFO-Landungen und einem Dschungel im Karton

Bereits die erste Staffel bietet den Kindern eine Fülle spannender Spielerlebnisse und Experimente. So erfahren sie z. B., wie man mithilfe normaler Wollsocken („Zaubersocken") zu einem bunt blühenden Blumentopf kommt. Im „Kindergartenlabor" entwickeln die kleinen Forscher Kartoffelkleber, Zahnpasta, Rasierwasser, Badeöl und Seifenblasen. Interessant ist es, wenn in der Nacht die „Leuchtkäfer" mit ihren Taschenlampen unterwegs sind und bei einer UFO-Landung Kontakte zu „Wesen vom anderen Stern" aufgenommen werden. Besonders aufmerksame Beobachter erfordert das Spiel „Tee- und Kaffeeschmuggler". Die Kinder nehmen winzige Lebewesen mit ihrem selbst gebauten „genialen Forschermikroskop" unter die Lupe, erfahren, wie „Tinte zu Wasser wird", und spüren am eigenen Leib den „Traum vom Fliegen".

Detektivspiel

Material: keines
Geförderte Kompetenzen: Wahrnehmung, erkennen, beobachten können, Reaktionsfähigkeit

Bei diesem besonders für Spaziergänge und Reisen geeigneten Spiel nennt der Erwachsene drei Dinge, die unterwegs entdeckt werden müssen, z. B. eine Frau mit Kinderwagen, ein Hund, eine Fahne. Wer als Erster einen der Gegenstände sieht, meldet sich. Er darf dann die nächsten drei Objekte nennen, die zu suchen sind.

Zaubersocken

Material: Wollsocken
Geförderte Kompetenzen: Wahrnehmung, motorische Geschicklichkeit, erkennen, verbalisieren, benennen können

Bevor die Wiesen gemäht werden, können die Kinder noch etwas für die Vermehrung der Saat tun. Die Pädagogin sucht eine Wiese aus, auf der möglichst viele unterschiedliche Wildblumen und Gräser geblüht haben. Durch diese Wiese dürfen die Kinder laufen. Dabei haben sie Wollsocken an den Füßen. Unter den Socken bleibt die Saat der Blumen und Gräser haften. Wir zupfen die Saat dann von den Socken ab und säen sie in ein künftiges Stück Wiese oder einen Blumentopf ein.

Arbeiten wir mit Blumentöpfen, sollte jedes Kind seinen eigenen Blumentopf bekommen, um nachvollziehen zu können, was an seiner „Zaubersocke" hängen geblieben ist.

Schattenraten

	 ab 3 Jahren	 6–2 Kinder

Material: Bettlaken, Lampe, Befestigungsvorrichtung für das Laken
Geförderte Kompetenzen: motorische Geschicklichkeit, erkennen, darstellen können, Wahrnehmung, Spielfreude

Für dieses Spiel spannen wir ein Bettlaken auf (z. B. mit Reißzwecken in einem Türrahmen befestigen). Der Raum wird abgedunkelt. Etwa zwei Meter vom Laken entfernt steht eine Lampe. Mehrere Kinder verlassen nun den „Zuschauerraum". Sie kommen einzeln zurück und stellen sich zwischen Lampe und Bettlaken. Jedes darf beliebige Verrenkungen machen, kriechen, hüpfen, tanzen und lustige Laute ausstoßen. Die hinter dem Laken sitzenden Mitspieler (in der Rolle der Zuschauer) versuchen zu erraten, wer sich hinter dem Schatten verbirgt. Schattenspieler und Zuschauer wechseln nach einem Durchgang die Rollen.

Leuchtkäfer in der Nacht

	 ab 3 Jahren	 6–20 Kinder

Material: Taschenlampen
Geförderte Kompetenzen: Wahrnehmung, Orientierung, motorische Geschicklichkeit, erkennen, zählen können

Einmal im Jahr dürfen fast alle Kinder eine Nacht in ihrer Einrichtung verbringen. Am Abend dieses Übernachtungsfestes können die ganz mutigen Kinder mit der Pädagogin ein Nachtgeländespiel spielen. Dazu sollten auch die Eltern eingeladen werden.

Je zwei Kinder bekommen eine Taschenlampe und verstecken sich damit im Gelände. Sie zählen immer wieder langsam und leise bis zehn und geben dann ein Blinkzeichen. Die anderen Kinder der Gruppe (auch in Begleitung Erwachsener) suchen nun die „Leuchtkäfer". Mit Hort- und Schulkindern kann dieses Spiel auch in einem bekannten Park- oder Waldgelände gespielt werden. Kindergartenkinder bleiben besser im Kindergartengelände.

Geruchs- und Geschmackskim

	ab 3 Jahren		2-20 Kinder

Material: siehe Spielverlauf
Geförderte Kompetenzen: Wahrnehmung, erkennen, benennen, differenzieren und verbalisieren können

Kleine Gläser mit verschiedenem Inhalt werden herumgereicht – für die Augen nicht sichtbar (Tuch umbinden oder Augen schließen lassen), der Inhalt wird „errochen". Auf Teelöffeln werden kleine Proben zum „Erschmecken" angeboten.

* Beispiele für Geruchskim: Parfüm, Zwiebel, Blumen, Leder, Käse, Honig, gekochtes Ei, Holz, Apfel, Kartoffel, Creme, Senf.
* Beispiele für Geschmackskim: Apfel, Banane, Haselnuss, Zucker, Gurke, Pfirsich, Möhre, Brot, Kuchen.
* Es können auch Getränke probiert werden: Milch, Kakao, Tee, Apfelsaft, Mineralwasser, Kaffee usw.

Kartoffelkleber

	ab 4 Jahren		2-10 Kinder

Material: siehe Spielverlauf
Geförderte Kompetenzen: Wissenserweiterung, ausprobieren und üben

Einen ganz einfachen Klebstoff können wir mit Kindern aus Mehl und Wasser herstellen. Mit ihm lässt sich Papier kleben. Etwas aufwendiger ist die Herstellung von Kartoffelkleber. Dafür reiben die etwas größeren Kinder mehrere Kartoffeln fein. Den dadurch erhaltenen Brei schütten wir in ein Küchenhandtuch und drücken es über einem Gefäß aus. Dadurch gewinnen wir Kartoffelstärke, die sich am Boden des Gefäßes absetzt. Die Flüssigkeit gießen wir ab. Nun mischen wir einen Löffel der Kartoffelstärke mit einem Becher Wasser und erhitzen die Flüssigkeit auf etwa 50 °C. Beginnt unsere Flüssigkeit zu quellen, muss sie vom Herd genommen und zum Erkalten hingestellt werden. Fertig ist der Kleister, mit dem sich Papier und Pappe kleben lassen.

Kleiderspiel

Material: siehe Spielverlauf
Geförderte Kompetenzen: feinmotorisches Geschick, erkennen, differenzieren können, Wissenserweiterung

Im Zusammenhang mit der Puppenwäsche (siehe „Waschtag") können sich die Kinder auch mit der eigenen Kleidung beschäftigen. Im Einleitungsgespräch erfahren sie durch die Pädagogin, dass Kleidung dem Wetter angepasst, d.h. zweckgebunden sein muss (z.B. eine warme Jacke, gefütterte Stiefel).

Die Kinder sitzen am Tisch und falten gemeinsam mit der Pädagogin „Kleiderschränke" (gefaltete Schachteln aus einem Quadrat). In die „Schränke" werden mit Buntstift „Fächer" eingezeichnet, z.B. für Sommerbekleidung (Sonne), Regenbekleidung (Schirm) und Winterbekleidung (Schneemann), Unterwäsche und Schuhe. Aus bereitgelegten Katalogen schneiden die Kinder die passenden Kleidungsstücke aus und kleben sie in die Fächer.

Zahnpasta

Material: siehe Spielverlauf
Geförderte Kompetenzen: Wahrnehmung, Wissenserweiterung, Experimentierfreude

Heute stellen wir mit den Kindern eine eigene Zahnpasta her. Drei Teile Natriumkarbonat werden mit einem Teil Salz vermischt. Von diesem Gemisch benötigen wir ¼ Tasse, die wir mit drei Löffeln Glyzerin und so viel Wasser vermischen, dass eine Paste entsteht. Zur Geschmacksverbesserung fügen wir Pfefferminzöl hinzu.

Naturpantomime

Material: Gegenstände, Tablett, Tuch
Geförderte Kompetenzen: Fantasie, körperlicher Ausdruck, Motorik, Wahrnehmung

Alle Kinder liegen auf dem Boden. Sie sind die Saat von Pflanzen, Blumen oder Bäumen. Wir spielen, wie die Saat langsam aufgeht, sich entwickelt und zu einer stattlichen Pflanze oder einem großen Baum wird. Die Pädagogin kann dazu eine entsprechende Geschichte erzählen, die von den Kindern pantomimisch begleitet wird.

Nahrungsmittelspiel

	ab 5 Jahren		2–10 Kinder

Material: siehe Spielverlauf
Geförderte Kompetenzen: verbalisieren, erkennen, benennen können, Wissenserweiterung

Die Kinder sitzen um zwei zusammengestellte Tische. Die Pädagogin beginnt ein Gespräch über die Ernährung: „Was essen wir?" – „Wie oft essen wir?" – „Wie heißen die Mahlzeiten?" Ausgehend von der Frage „Warum essen wir?" fertigen die Kinder Bilder an, die Kühlschränke darstellen. In diese „Kühlschränke" werden „Lebensmittel" einsortiert, die zuvor aus Katalogen ausgeschnitten wurden.

Zusammen mit den Kindern ordnet die Pädagogin die Lebensmittel in drei Gruppen:

- Nahrungsmittel, die uns helfen gesund zu bleiben:
  Obst und Gemüse (Vitamine)
- Nahrungsmittel, die uns beim Wachsen helfen:
  Fleisch, Fisch, Eier und Milch (Eiweiß)
- Nahrungsmittel, die uns kräftig machen:
  Reis, Brot, Haferflocken, Kartoffeln (Kohlehydrate).

Für den Bastelvorgang werden Papierbögen (DIN A2), Kataloge, Scheren, Buntstifte und Kleister benötigt.

Zaubereisblüten-Getränke

| | | ab 4 Jahren | | 10–20 Kinder |

Material: Eiswürfelschalen, essbare Blüten, Früchte, Säfte, Kühlschrank
Geförderte Kompetenzen: Wahrnehmung, Experimentier- und Spielfreude, erkennen, benennen können, Wissenserweiterung

Für ein Sommerfest oder für eine andere festliche Gelegenheit wollen wir Säfte mit Eiswürfeln anbieten, in denen essbare Blüten oder Früchte eingefroren sind. Die „Zaubereisblüten" können Kinder ganz einfach selbst herstellen. Dafür werden Eiswürfelschalen aus dem Kühlschrank gut ausgespült und mit frischem Wasser aufgefüllt. Dann kommt in jedes Schälchen eine essbare Blüte (z. B. Veilchen, Gänseblümchen oder Akazienblüte). Ebenso lassen sich Johannisbeeren, Kirschen, Orangen- oder Zitronenscheiben einfrieren. Die Schalen stellen die Kinder ins Gefrierfach zurück, und nach einiger Zeit erkennt man deutlich die bunten Blüten bzw. Früchte im klaren Eis. Als Zugabe zu einem Obstsalat sind diese Eiswürfel genau das Richtige für kleine wie etwas größere Forscher und Entdecker.

Waschtag

| | | ab 3 Jahren | | 2–10 Kinder |

Material: siehe Spielverlauf
Geförderte Kompetenzen: Wahrnehmung, Experimentierfreude, erkennen, benennen können, motorische Geschicklichkeit

Eigentlich wird zum Waschen der Wäsche nur heißes Wasser benötigt. Wer damit nicht zufrieden ist, kann andere Methoden ausprobieren. Für die Puppenwäsche benutzen wir keine Waschmaschine, sondern machen es wie die Frauen des alten Kinderliedes „Wer will fleißige Waschfrauen sehen?". Dazu benötigen wir zwei große Schüsseln heißes Wasser, Soda und Seife. Es kann auch ein käufliches Waschmittel zusätzlich benutzt werden. (Alle genannten Produkte sind in Drogerien erhältlich.)

Mit den Kindern probieren wir aus:

- Puppenwäsche mit etwas gekauftem Waschpulver (auf sparsamen Einsatz achten).
- Eine Lösung aus Soda (1 Esslöffel), grüner Seife (1 Esslöffel) und heißem Wasser herstellen, darin die Wäsche reinigen.
- Entweder nur mit grüner Seife, Kernseife, Neutralseife oder mit Gallseife waschen.

Die Puppenwäsche muss gründlich ausgespült und zum Trocknen aufgehängt werden. Auf den Weichspüler, den einige Kinder vielleicht von den Eltern her kennen, verzichten wir, weil durch ihn neben der Umweltbelastung Hautallergien verursacht werden können. Ein Tropfen Glyzerin oder ein Schuss Essig erzielen die gleiche Wirkung. Auch eine Erfahrung, die Kinder schon machen können.

Müllkompositionen

| | | ab 4 Jahren | | 2–10 Kinder |

Material: siehe Spielverlauf
Geförderte Kompetenzen: Wahrnehmung, Kreativität, Experimentierfreude, feinmotorische Geschicklichkeit, Ideen umsetzen können

Wir benötigen Plakatkarton, Zeichnungen, farbiges Papier, Stoffreste, Abfälle von Frischgemüse (z.B. Kohlblätter), Klebstoff und eine Schere. Jedes Kind nimmt vom vorhandenen Material und „komponiert" daraus auf einem Plakatkarton sein eigenes Werk.

Als Unterlagen für Collagen eignen sich auch Holzbretter und Spanplatten, besonders wenn die anzubringenden Gegenstände geheftet oder genagelt werden. Weitere Materialien können zum

Beispiel sein: Federn, Draht, Garnrollen, Lederabfälle, Strohhalme, Steinchen, Muscheln, Knöpfe, Kunststoffstücke.

Kerzenkünstler

ab 5 Jahren   2–6 Kinder

Material: siehe Spielverlauf
Geförderte Kompetenzen: feinmotorisches Geschick, Beobachtung, Experimentierfreude

Zunächst sammeln die Kinder viele alte Kerzenreste und bringen diese in die Einrichtung mit. Diese werden im Wasserbad (Messbecher aus Metall mit Wachsresten im mit Wasser gefüllten Topf) unter Aufsicht der Pädagogin geschmolzen. Das Wachs darf nicht zu heiß werden (55–80 °C). Als Gießform benutzen wir ausgediente (hitzebeständige) Behälter. Quer über jeden Behälter legen wir einen Schaschlikstab und befestigen daran je einen Docht. Wenn das getan ist, können wir den Herd ausstellen, das Wachs aus dem Wasserbad nehmen und in die Gefäße gießen. Lässt man die erste Schicht trocknen, kann man später eine andersfarbige Schicht daraufgießen.

Seifenblasenfabrik

ab 3 Jahren   2–20 Kinder

Material: siehe Spielverlauf
Geförderte Kompetenzen: feinmotorisches Geschick, experimentieren und beobachten können, Spielfreude, Wissenserweiterung

Alle Kinderaugen leuchten, wenn von Seifenblasen die Rede ist. Gemeinsam wollen wir drei Rezepte ausprobieren. Wir benötigen für

Rezept 1

- ¾ Liter Neutralseife
- 1 Liter kochendes Wasser
- 500 g Zucker
- 30 g guten Tapetenkleister

Alles zusammen wird gut verrührt, bis sich Zucker, Seife und Tapetenkleister aufgelöst haben. Dann wird mit acht Litern Wasser aufgefüllt. Dieses Rezept reicht für ein ganz großes Spielfest.

Rezept 2

- 40 g Schmierseife
- 60 g Glyzerin
- 1 Liter warmes Regenwasser

Rezept 3

- 4 Liter Wasser
- 1 Flasche Spülmittel (gute Qualität)
- 1 Schnapsglas Glyzerin
- 5 Esslöffel Puderzucker

Mit allen drei Rezepten muss experimentiert werden, da das Wasser unterschiedliche Härtegrade hat und dadurch das Ergebnis beeinflusst werden kann.

Auch die Pusteringe lassen sich einfach herstellen, indem man einen Rundstab nimmt, daran einfach eine Schlaufe aus festem Draht befestigt und diese mit Mullbinde umwickelt. Solche Pusteringe, in unterschiedlichen Größen hergestellt, sorgen für unterschiedlich große Seifenblasen und zusätzlichen Spaß. Da die entsprechenden Utensilien nach einem Putzfest oder dem Haushaltsbasar sowieso vorhanden sind, lässt sich sehr gut eine große „Seifenblasenaktion" anschließen.

Kartoffellabyrinth

	ab 3 Jahren	 2–10 Kinder

Material: siehe Spielverlauf
Geförderte Kompetenzen: Wissenserweiterung, Beobachtungsfähigkeit, Geduld erwerben

Um der Natur auch wirklich auf die Spur zu kommen, was im Garten nicht immer möglich ist, und um die lange Wartezeit zu überbrücken, bis die Keimlinge so weit sind und im Garten etwas zu entdecken ist, richten wir ein Kartoffellabyrinth ein.

Dazu benötigen wir einen Schuhkarton und mehrere etwa sechs Zentimeter breite Papp- oder Tonpapierstreifen. Die Streifen kleben wir so in den Schuhkarton, dass ein Labyrinth entsteht. In dieses Labyrinth legen wir eine Kartoffel (mit einer schon etwas älteren Kartoffel geht es schneller). Der Schuhkarton bekommt an irgendeiner Stelle ein Ausgangsloch. Dann legen wir den Deckel darauf und stellen den Karton an einen dunklen Ort. Nach einiger Zeit können wir den Deckel öffnen und sehen, welche Wege sich die Kartoffel gesucht hat. Vielleicht haben die Wurzeln sogar das Ausgangsloch gefunden.

Wand der Sinne

	ab 4 Jahren	 6–20 Kinder

Material: siehe Spielverlauf
Geförderte Kompetenzen: Wahrnehmung, differenzieren, erkennen, benennen können, Spielfreude

Mit fester Pappe wird ein Paravent hergestellt. Auf diesen Paravent wird ein lustiges Gesicht mit Mund und Nasenöffnung gemalt. An den Seiten befinden sich Öffnungen für die Hände. Hinter dem Paravent stehen Dinge zum Befühlen, Schmecken und Riechen. Die

Kinder entscheiden sich, ob sie etwas erriechen, erschmecken oder erfühlen wollen. Sie gehen nah an den Paravent heran und lassen sich z. B. etwas in den Mund stecken: ein Stückchen Zitrone, eine Gurkenscheibe usw. Sie können auch ihre Hände durch die Öffnungen stecken und fühlen, ob ihnen ein Tannenzapfen, ein Apfel, ein Löffel oder eine Kartoffel in die Hand gegeben wird.

UFO-Landung

ab 4 Jahren

6–20 Kinder

Material: 1 Fotoapparat und 1 Kassettenrekorder
Geförderte Kompetenzen: Wahrnehmung, Fantasie, Ideen umsetzen, Experimentier- und Spielfreude, Wissenserweiterung

Die Kindergruppe wird in zwei gleich große Gruppen aufgeteilt. Eine Gruppe verkleidet sich möglichst verrückt. Die Kinder dieser Gruppe stellen sich vor, sie wären Wesen aus einem fremden Land oder von einem fremden Planeten. Sie sind nur zufällig auf der Erde gelandet, treffen auf Lebewesen, die sich Menschen nennen (die Kinder der anderen Kleingruppe) und deren Ess-, Lebens- und Einkaufsgewohnheiten ihnen völlig fremd sind und die sie erforschen wollen.

Die Gruppe der Wesen vom anderen Planeten soll sich dabei ausgesprochen uniformiert geben und ganz genau nachfragen. Nach einiger Zeit werden die Rollen getauscht.

Variante: Alle Kinder schminken und verkleiden sich. Dann gehen sie mit der Pädagogin in den Ort, um als „Wesen vom anderen Stern" Leute zu interviewen: Was essen sie gerne? Was schmeckt ihnen gar nicht? Kennen sie Wildgemüse?

Baumkontakte

	ab 4 Jahren		6–12 Kinder

Material: Augenbinden
Geförderte Kompetenzen: Wahrnehmung, differenzieren, erkennen, benennen können, Wissenserweiterung

Die Pädagoginnen suchen ein Gelände mit unterschiedlichen Bäumen in der Nähe der Einrichtung. Dort spielen wir. Für dieses Spiel benötigen wir lediglich Tücher zum Verbinden der Augen. Die Kinder bilden Paare. Einem Kind werden die Augen verbunden. Das sehende Kind führt das „blinde" Kind auf Umwegen zu einem Baum. Mit diesem Baum macht sich das Kind vertraut. Es errriecht, befühlt und ertastet den Baum, bis es meint, so vertraut zu sein, dass es den Baum ohne Augenbinde wieder finden wird. Nach einer Weile gehen die Kinder, wieder auf kleinen Umwegen, zum Standort zurück. Die Augenbinden werden entfernt. Die nun sehenden Kinder versuchen, „ihren" Baum wieder zu finden. Dann werden die Rollen getauscht.

Bei diesem Spiel erfahren die Kinder, dass Bäume nicht nur durch das Aussehen voneinander zu unterscheiden sind. Bäume haben auch einen eigenen Geruch und fühlen sich unterschiedlich an.

Punkpaste

| | | ab 5 Jahren | | 2-10 Kinder |

Material: siehe Spielverlauf
Geförderte Kompetenzen: Wissenserweiterung, Experimentier- und Spielfreude

Ohne Zuckerwasser und Sprays lässt sich eine schön hochstehende Punkfrisur kreieren. Unter Anleitung rühren die Kinder aus einer Mischung von Mehl und flüssiger Stärke sowie ein paar Tropfen Lebensmittelfarben eine dicke Paste an. Diese wird ins Haar geschmiert, die Haare werden in die gewünschte Form gebracht und das Ganze wird etwa eine Stunde getrocknet. Diese Punkfrisur hält jedem Orkan stand und lässt sich leicht wieder auswaschen. Bei Vorhaben wie diesen informieren wir vorher die Eltern.

Spurenleger

| | | ab 4 Jahren | | 12-20 Kinder |

Material: siehe Spielverlauf
Geförderte Kompetenzen: Beobachtungsfähigkeit, entdecken, erkennen können, motorische Geschicklichkeit, Spielfreude

Bei diesem Geländespiel werden die Kinder in zwei Gruppen geteilt, in eine kleine (vier Kinder) und eine große (acht Kinder). Die kleine geht voraus und hinterlässt Spuren (Zeichen im Erdboden, Markierungen durch kleine Äste, legt Irrspuren usw.). Nach einer verabredeten Zeitspanne folgt die große Gruppe, die die Spurenleger suchen muss. Ein Spiel, bei dem die Beobachtungsfähigkeit gefördert wird.

Verpackungsmonster

| | | ab 5 Jahren | | 6–10 Kinder |

Material: siehe Spielverlauf
Geförderte Kompetenzen: motorische Geschicklichkeit, Ideen umsetzen können, Kreativität, Gestaltungsfähigkeit, Spielfreude

Aus allen möglichen Verpackungsmaterialien bauen die Kinder ein Verpackungsmonster. Als Materialien bieten sich an: Kartons, Schachteln, verschiedene Pappen, Behältnisse jeder Art, Papiere, Bänder und Folien. Die Ergebnisse erhalten Namen, bieten Anlässe für ein Rollenspiel und werden für einige Tage in der Einrichtung ausgestellt.

Kräuter und Gewürze riechen

Material: Tücher, Gewürze und Kräuter
Geförderte Kompetenzen: Sinneswahrnehmung, unterscheiden, erkennen, benennen können

In zwei Gruppen sitzen sich die Kinder gegenüber. Auf einem Tisch werden verschiedene Kräuter und Gewürze mit typischem Geruch ausgebreitet. Zunächst darf sich jeder deren Geruch einprägen. Dann verbindet die Pädagogin dem ersten Kind die Augen und gibt ihm zwei Kräuter bzw. Gewürze zum Riechen. Bei jeder richtig gelösten Aufgabe bekommt die Gruppe einen Punkt.

Anti-Müll-Einkaufsspiel

Material: vorbereitete „Orden"
Geförderte Kompetenzen: Wahrnehmen, erkennen, unterscheiden können, motorische Geschicklichkeit, Wissenserweiterung, Spielfreude

Jeweils zwei bis drei Kinder und ein Erwachsener bekommen einen Arbeitsauftrag, der lautet: „Geht mit dieser (von der Pädagogin vorher angefertigten echten) Einkaufsliste zu einem Supermarkt. Kauft alle diese aufgeführten Dinge ein und achtet darauf, dass ihr so wenig Verpackung wie irgend möglich mitkauft."

Die Einkaufsliste könnte eventuell in Absprache mit den Eltern aufgestellt werden und Dinge enthalten, die sowieso benötigt werden: Putzmittel, Schreibutensilien, Brot, Gemüse, Obst.

Sind alle vom Einkauf zurückgekommen, wird ausgepackt und die Verpackung in einem Extrabehälter gesammelt. Dabei ist darauf zu achten, dass jede Gruppe einen eigenen Behälter bekommt. Ist das geschehen, wird der „Müll" gewogen. Die Gruppe, die am wenigsten Müll mitgebracht hat und somit auf einen ganz wichtigen Aspekt des Umweltschutzes geachtet hat, bekommt einen Orden (ein aus Pappe angefertigter „Blauer-Engel-Einkaufsorden" für gelungenes umweltfreundliches Einkaufen).

Haushaltskim

Material: siehe Spielverlauf
Geförderte Kompetenzen: taktile Wahrnehmung, erkennen, benennen können

Einem Kind werden die Augen verbunden. Dann legt ihm die Pädagogin der Reihe nach 3 bis 5 Gegenstände auf die ausgestreckte offene Hand. Das Kind muss raten, um welche Gegenstände es sich handelt. Es darf dabei weder die andere Hand zu Hilfe nehmen noch die Fühlhand bewegen. Als Materialien wählen wir Gegenstände aus dem Haushalt aus, z. B. Kamm, Bürste, Schwamm, Wäscheklammer, Teesieb, Gemüsereibe, Watte, Lappen.

Woraus besteht der Gegenstand?

Material: siehe Spielverlauf
Geförderte Kompetenzen: Wahrnehmung, erkennen, differenzieren, benennen können, Wissenserweiterung

Die Pädagogin hat vor sich einen Korb stehen, aus dem sie nacheinander Gegenstände herausgreift, sie hochhält und fragt: „Woraus ist der Gegenstand gemacht?" Wer es weiß, darf den Gegenstand an sich nehmen. Gewonnen hat, wer am Ende des Spiels die meisten Gegenstände vor sich liegen hat. Wir wählen verschiedene Haushaltsgeräte aus unterschiedlichem Material aus: Stoff, Metall, Pappe, Ton, Glas usw.

Modelliermasse selbst gemacht

| | ab 4 Jahren | | 2–10 Kinder |

Material: siehe Spielverlauf
Geförderte Kompetenzen: Experimentierfreude, Gestaltung, Wissenserweiterung

Heute stellen wir mit den Kindern eine umweltfreundliche, gut modellierbare Knetmasse her.

Für etwa vier Kinder benötigen wir

- 200 g Mehl
- 100 g Salz
- 1½ Esslöffel Öl
- 1 Esslöffel Alaun (in Apotheken erhältlich)
- ¼ Liter kochendes Wasser
- Lebensmittelfarbe

Alles gut vermischt und nach Farben getrennt, hält sich die Masse monatelang. Das Modellieren und Gestalten kann beginnen.

Küchen-Bigband

Material: siehe Spielverlauf
Geförderte Kompetenzen: Wahrnehmung, motorische Geschicklichkeit, Differenzierung, Experimentier- und Spielfreude

Aus verschiedenen Töpfen, Plastikschüsseln, Eimern und Kartons wird ein Schlagzeug zusammengestellt, aus gefüllten Wassergläsern machen wir ein Glockenspiel. Die Kinder finden heraus, welche der zur Verfügung gestellten Haushaltsgeräte sich noch zu Instrumenten umfunktionieren lassen.

Parfümerie

Material: siehe Spielverlauf
Geförderte Kompetenzen: Wissenserweiterung, Experimentierfreude, erkennen und benennen können

Für unsere „Produktion" haben die Kinder kleine Fläschchen, Flakons und Gefäße aus Glas mitgebracht. Die Pädagoginnen haben in einer Drogerie, Apotheke und im Bioladen die notwendigen Zutaten besorgt.

Wir stellen mit den Kindern Produkte her, die auch ihre Eltern besonders ansprechen dürften. Anhand von Rezepten und einer kleinen Demonstration, bei der eine Pädagogin behilflich ist, erfahren die Eltern anschaulich, wie sie bestimmte Dinge des täglichen Gebrauchs mit ihren Kindern zu Hause selbst herstellen können. Alle Rezeptangaben verstehen sich pro Person.

Rasierwasser für den Vater

- 50 ml kosmetisches Haarwasser (D 95 %)
- 50 ml destilliertes Wasser
- 10 Tropfen Bisabolöl
- 5 ml Hamamelislösung

Parfüm für die Mutter, die große Schwester oder für sich selbst

- 10 Tropfen Bergamotteöl
- 3 Tropfen Orangenblütenöl
- 3 Tropfen Lemongrasöl
- 10 ml kosmetisches Haarwasser

Sonnenschutzgel für die Familie

- 50 ml destilliertes Wasser
- 1–2 Messlöffel SoFi Tix HAT
  (mineralischer UVA- und UVB-Filter)
- ½ Messlöffel Xanthan

Alles gut mischen, schütteln, Xanthan quellen lassen, später noch einmal schütteln.

Badeöl für alle

- 80 % kaltgepresstes Pflanzenöl
- 10 % Emulgator (z. B. Twen 80)
- 10 % ätherisches Öl (z. B. Melisse, Salbei, Eukalyptus).

Diese Badeöle haben nicht nur einen kosmetischen Nutzen, sondern auch einen gesundheitlichen.

Schuhkartonmasken

ab 3 Jahren   10–20 Kinder

Material: Scheren, Kleister, Klebeband, Paketschnur
Geförderte Kompetenzen: Feinmotorik, kreativer Ausdruck

Schuhkartons finden sich in jedem Haushalt. Aus ihnen können die Kinder schöne, effektvolle Masken herstellen, die sich auch als Raumschmuck verwenden lassen. Es werden Augen-, Mund- und Nasenöffnungen herausgeschnitten. Anschließend wird die Maske mit Wasserfarben bunt bemalt und eventuell mit Buntpapierstreifen, Watte, Federn oder bunten Pfeifenreinigern (z. B. als Augenbrauen) beklebt. An der Rückseite wird eine Schnur als Halterung angebracht.

Wegwerfkunst

ab 3 Jahren   2–20 Kinder

Material: siehe Spielverlauf
Geförderte Kompetenzen: motorische Geschicklichkeit, kreativer Ausdruck, Experimentier- und Spielfreude

Aus der spielpädagogischen Praxis wissen wir, dass Materialien, die viel Raum zu Interpretation und Veränderung lassen, von besonderem Spielwert sind. Die wohl besten Beispiele für Gestaltungsvielfalt sind Sand, Lehm und Ton. Wegwerfmaterialien üben auf jüngere Kinder einen besonderen Reiz aus. So haben sie für einen alten Autoreifen immer Verwendung und erfinden damit zahlreiche Aktivitäten und Spielabläufe. Man kann durch Reifen hindurchkriechen, Hindernisstrecken aufbauen, einen Turm aufstapeln, und die Erwachsenen können den Kindern eine Autoreifenschaukel bauen.

Neue Spielideen lassen sich verwirklichen mit Tonnen, Brettern, verschiedenen großen Kartons (für Rollenspiel, Kulissenbau, Jahrmarkt-, Theater und Zirkusspiel), mit Plastikflaschen, alten Zeitungen und Tapetenrollen, ausrangierten Kleidungsstücken (Modenschau, Zirkus, Verkleidungsaktion) und mit Styropor in Platten-, Block- und Kügelchenform verschiedener Größe und Dicke. Es bieten sich vielseitige Spielmöglichkeiten. Sie reichen vom Bauen, Bemalen und Dekorieren bis zum Herstellen von Spielobjekten. Auch können wir mit den Kindern Styroporstempel anfertigen. Zum Drucken wird Plaka-Farbe benutzt.

Riech-Rallye

ab 4 Jahren | 10–20 Kinder

Material: siehe Spielverlauf
Geförderte Kompetenzen: Wahrnehmung, Differenzierung

Für diese „Rallye" bereiten wir eine Tastspur vor, indem wir z. B. Tesakrepp auf den (sauberen) Fußboden kleben. Über die Strecke verteilt stehen kleine Dosen mit starken Gerüchen (z. B. Seife, Käse, Zwiebel, Kaffee, Pfefferminze, Knoblauch, Nelke …). Wer findet mit verbundenen Augen (die Erzieherin hilft beim Orientieren) zur Zieldose, in der sich, wechselnd für jeden Spieler, ein unterschiedlicher Geruch befindet? Etwa eine Handbreit vor jeder Riechdose wird unter die Tastspur ein Muggelstein gelegt. Er gibt den Hinweis, dass jetzt eine nächste Riechprobe folgt. Die Teilnehmer der Rallye werden über den Spielverlauf informiert, verlassen dann den Raum und kommen einzeln mit verbundenen Augen zurück. Für jeden, der die Rallye schafft, gibt es eine kleine Überraschung.

Seifenfabrik

| | | ab 4 Jahren | | 6–10 Kinder |

Material: 1 Form (Pappschachtel), 2 Töpfe, 2 kochfeste Glasgefäße, siehe Zutaten
Geförderte Kompetenzen: Wahrnehmung, motorische Geschicklichkeit, Experimentierfreude

In einem kurzen Gespräch über die Notwendigkeit sorgfältiger Körperpflege fällt das Stichwort „Seife". Ursprünglich war sie eine ganz harmlose Substanz mit dem Hauptzweck der Reinigung. Die Kosmetikindustrie lässt sich immer mehr einfallen, um den Seifenabsatz florieren zu lassen. Immer neue Zusätze werden der Seife beigefügt, durch synthetische „Tricks" duftet Seife gut, wird verhindert, dass sie bricht; sie schäumt schön und passt auch farblich zu den Kacheln des Badezimmers. Die chemischen Zusätze können sich auf die Haut negativ auswirken und Allergien auslösen, die besonders bei Kindern zunehmend Verbreitung finden. Deswegen wollen wir heute gemeinsam mit den Kindern eigene Seife herstellen.

Seife
- ½ Tasse Wasser
- 1 Tasse Rindertalg
- 2 gehäufte Teelöffel Sodakristalle
- Duftstoffe wie Lavendel (wirkt desinfizierend), Rosenöl oder Minze

Beide Töpfe werden unter Aufsicht der Pädagogin mit Wasser gefüllt und erhitzt. In jeden Topf wird ein Glasgefäß gestellt.

In einem lassen wir vorsichtig den Rindertalg schmelzen, im anderen werden die Sodakristalle in der halben Tasse Wasser auf ca. 37 °C erwärmt. Während ein Kind das Fett rührt, gießt ein anderes unter ständigem Rühren die Sodalösung hinzu.

Mit Düften muss man experimentieren. Es gibt eine große Auswahl an preiswerten Duftstoffen. Die Kinder müssen einfach selber schnuppern, auswählen und probieren.

Mode in der Zukunft

Material: siehe Spielverlauf
Geförderte Kompetenzen: motorische Geschicklichkeit, Ideen umsetzen können, Gestaltungsfreude, Fantasie

Was tragen wir wohl in 30 Jahren?

Aus ihren „Fundstücken" — Folien, Lametta, Klebeband, Heftklammern, Tüll, Taft, Säcken aus Plastik und Jute, Kartons, Topfreinigern, alten Kartenspielen, Orangennetzen, Wellpappe, Spitzenresten, Kabel, Schläuchen, Draht, Schnüren, Wollresten, Füllmaterialien — stellen die Kinder Verkleidungen her, die sie auf einer Modenschau präsentieren. Die Modelle können obendrein mit fantasievollen Namen versehen werden. Eventuell muss hier die Pädagogin Anregungen geben. Manche Kinder werden es gewohnt sein, fertige Kostüme zu bekommen oder zumindest eine Klamottenkiste zum Stöbern zu haben. Die Modenschau setzt jedoch voraus, dass die Kinder mit Genehmigung der Eltern überall zu Hause auf Entdeckungstour gehen, um im Keller, Schuppen, in der Küche oder auf dem Dachboden brauchbare Sachen zu finden. Schafft es die Pädagogin, sich selbst in ein Kostüm zu hüllen, sich mit Lametta und anderen Verpackungsmaterialien zu behängen (Alu-Folie), werden auch die Kinder entsprechende Ideen entwickeln und Mut zum Ungewöhnlichen bekommen.

Tee- und Kaffeeschmuggler

| | | ab 4 Jahren | | 10–20 Kinder |

Material: siehe Spielverlauf
Geförderte Kompetenzen: Beobachtungsfähigkeit, Wahrnehmung, motorische Geschicklichkeit, Ideen umsetzen können, Spielfreude

Wir bilden zwei Gruppen: Schmuggler und Zöllner. Sie werden durch unterschiedlich farbige Bänder am Handgelenk kenntlich gemacht.

Zunächst suchen sich die Schmuggler zwei Lager, die in gebührender Entfernung voneinander eingerichtet werden müssen. In einem Lager wird Tee aufbewahrt, im anderen Kaffee (Spielmarken oder Bonbons). Jedes Lager muss ständig von einer Person, die ausgewechselt werden darf, bewacht werden. Zwischen den Lagern liegt die Grenze, die vorher von der Pädagogin markiert wurde.

Die Schmuggler müssen auf ein Startzeichen hin den Kaffee in das Teelager und den Tee in das Kaffeelager transportieren. Jedes Kind darf nur ein Schmuggelstück bei sich tragen. Die Zöllner nehmen ihre Arbeit auch auf das Startzeichen hin auf. Sie sollen versuchen herauszufinden, wo sich die Lager befinden, und müssen den Schmugglern so viel Schmuggelware wie möglich abnehmen.

Bei größeren Kindern kann zusätzlich verabredet werden, dass man versucht, sich gegenseitig die Bänder abzunehmen. Das Spiel ist beendet, wenn beide Lager entdeckt, alle Schmuggler gefangen oder alles Schmuggelgut beschlagnahmt worden ist. Außerdem sollte ein Zeitlimit festgesetzt werden. Nach spätestens ein bis zwei Stunden sollte das Spiel durch ein Zeichen abgebrochen werden.

Ist viel Zeit vorhanden, z. B. auf einer Ferienfreizeit, können die Lager auch schon am Vortag aufgebaut und ganz komfortabel eingerichtet werden. Die Zöllner können währenddessen mit der Pädagogin ein Basislager einrichten, dessen Standort allen bekannt ist und in dem Schmuggelgut gesammelt und Schmuggler gefangen gehalten werden.

Was hat sich verändert?

Material: keines
Geförderte Kompetenzen: Beobachtungsfähigkeit, Wahrnehmung, Konzentrationsfähigkeit, Differenzierung

Die Kinder stehen sich in zwei Reihen gegenüber. Eine Minute lang versuchen die Kinder, sich das Aussehen des jeweils gegenüberstehenden Partners einzuprägen. Dann drehen sich die Kinder um, damit sie einander nicht mehr sehen können. Jedes Kind verändert zwei äußere Merkmale an sich selbst (Hosenbein hochkrempeln, Schuhband öffnen, Ärmel hochziehen usw.). Dann wenden sich alle einander zu und versuchen, die Veränderung an ihrem Partner festzustellen.

Hör-Spiele

Material: Kassettengerät oder CD-Player mit Geräuschaufnahmen
Geförderte Kompetenzen: Wahrnehmung, differenzieren, erkennen, benennen, verbalisieren können, Spielfreude

Kassettenrekorder oder CD-Player kann sich als sehr hilfreiches Medium im Kindergarten erweisen.

Einige Beispiele:

- Aufgenommene Umweltgeräusche aus dem Alltag, dem Straßenverkehr oder der Technik müssen erraten werden (z. B. verschiedene Verkehrsmittel, Telefon, Küchenmixer, Uhren, Sturm).

- Die Pädagogin spielt eine Reihe von Geräuschen ab. Beim zweiten Abspielen fehlt ein Geräusch oder ist gegen ein anderes ausgetauscht.
- Schwieriger: Künstlich erzeugte Umweltgeräusche müssen ebenso wie ihr Zustandekommen geraten werden. Welche Hilfsmittel wurden z. B. beim Pferdegetrappel und beim Regen benutzt?
- Noch schwieriger: Die Kinder sollen aufgenommene Körpergeräusche (z. B. Fingerklopfen, Händereiben, Zähnemahlen) erkennen.
- Im Gruppenraum (auf dem Kindergarten/Hortgelände) hat die Pädagogin einen Kassettenrekorder eingeschaltet, der ganz leise läuft. Wer findet ihn?

Zeitungsmusik

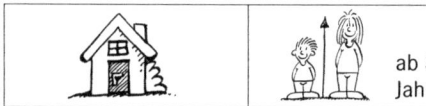

| | ab 3 Jahren | 6–20 Kinder |

Material: Zeitungen
Geförderte Kompetenzen: Differenzierung, Wahrnehmung, Rhythmusgefühl, Spielfreude

Stuhlkreis: Jedes Kind erhält von der Erzieherin eine Zeitung.

- Alle Kinder rascheln mit ihrer Zeitung.
- Eine Zeitung wird zusammengeknüllt ans Ohr gehalten, hin und her bewegt, gedrückt, gerieben.
- Die wahrgenommenen Geräusche werden mit der Stimme nachgeahmt.
- Die Erzieherin gibt einen Rhythmus vor, nach dem die Kinder ihre Zeitungen bewegen.
- Ein Lied wird gesungen (z. B. „Mein Hut, der hat drei Ecken") und durch die Zeitungsgeräusche begleitet.

Kleine Tast-Olympiade

Material: Tast-Utensilien, Tücher
Geförderte Kompetenzen: Sinneswahrnehmung, erkennen, differenzieren, benennen können, feinmotorische Geschicklichkeit

Bei dieser Spielfolge haben die Teilnehmer mit verbundenen Augen verschiedene Aufgaben zu bewältigen:

- Gefäße (Schüssel, Kanne, Teller, Trinkbecher, Krug, Tasse u. Ä.) betasten und erraten.
- Besondere Merkmale von Gegenständen sind zu ertasten (rund, spitz, hart, weich, lang, kurz usw.).
- Mit verbundenen Augen einen Baukasten einpacken.
- Schuhe sortieren (auch als Wettspiel möglich – zwei Kinder mit verbundenen Augen).
- Die Kinder fädeln verschieden große Perlen auf.
- Mit verbundenen Augen werden Nüsse sortiert (Hasel-, Wal-, Para-, Erdnüsse).
- Verschiedene Obst- und Gemüsesorten müssen ertastet werden.

Kleiderkim

ab 4 Jahren

10–20 Kinder

Material: siehe Spielverlauf
Geförderte Kompetenzen: Wahrnehmung, Beobachtungsfähigkeit, Konzentrations- und Merkfähigkeit, erkennen und benennen können

Alle Mitspieler sitzen im Kreis und schauen sich gegenseitig genau an. Einer der Mitspieler wird dann hinausgeschickt. In der Zwischenzeit verändern eine oder mehrere der im Kreis verbliebenen Personen etwas an sich: Eine Brille wird aufgesetzt oder abgelegt, ein Kleidungsstück wird getauscht. Danach kommt der Hinausgeschickte wieder herein und muss erraten, an welchen Personen sich etwas verändert hat. Als Hilfe kann ihm das Klatschen der übrigen Mitspieler dienen, das leise oder laut ist, je nachdem, wie nahe er seinem Ziel ist.

Windmacher

ab 4 Jahren

10–20 Kinder

Material: Papierschnipsel, Tüten (Briefumschläge), Tablett, Föhn, Pappdeckel, Tonpapier
Geförderte Kompetenzen: Wahrnehmung, erkennen können, motorische Geschicklichkeit, Wissenserweiterung, Spielfreude

Die Kinder pusten und fächeln sich mit den Händen Luft ins Gesicht. Danach erhält jedes Kind ein Tütchen mit Papierschnipseln, die in die Kreismitte gepustet werden sollen. Die Schnipsel werden dann wieder aufgesammelt und auf ein flaches Tablett gelegt. Die Pädagogin gibt einem Kind einen bereitliegenden Föhn, den es auf die Papierschnipsel richtet. Sie wirbeln hoch und die Kinder versuchen sie aufzufangen. Sind alle Papierteilchen „eingefangen", darf jedes Kind einmal den Föhn in die Hand nehmen und sich ins Gesicht und in die Haare pusten.

Der Sitzkreis wird aufgelöst und die Kinder formieren sich in zwei gleich starke Gruppen. Die beiden ersten Kinder jeder Mannschaft haben die Aufgabe, mit einem Pappdeckel (DIN-A4-Format) ein aus Tonpapier bestehendes „Blatt" über eine Strecke von etwa zehn Metern zu wedeln, dann das Blatt in die Hand zu nehmen und dem nächsten Spieler an den Start zu legen. Vorher einmal demonstrieren!

Fantasiebauten

Material: gesammelte Gegenstände, Styroporplatte oder Tonpapier (ca. 80 x 80 cm), Klebstoff oder Leim, evtl. Tesafilm
Geförderte Kompetenzen: Wahrnehmung, erkennen, auswählen und verbalisieren können, motorische Geschicklichkeit

Während eines Spaziergangs sammeln die Kinder allerlei Dinge (z. B. Steinchen, kleine Äste, Naturmaterialien), die ihnen schön oder interessant erscheinen. Im Kindergarten werden dann zwei Gruppen gebildet. Sie sollen aus den gesammelten Dingen gemeinsam etwas bauen. Hierzu bekommen sie ein bestimmtes Thema gestellt, z. B. „Stadt" oder „Spielplatz". Als Bastelunterlage dient eine Styroporplatte, Tapete oder Tonpapier im Format von ca. 80 x 80 cm. Am Ende der Beschäftigung sprechen die Kinder darüber, was sie dargestellt haben. In der Fantasiestadt kann z. B. mit kleinen Figuren ein Rollenspiel inszeniert werden.

Such-Parcours

Material: siehe Spielverlauf
Geförderte Kompetenzen: Wahrnehmung, erkennen, benennen, differenzieren können

In einem vorher zu bestimmenden Gelände (Kindergarten, Park, Wiese) müssen die Kinder die Dinge entdecken, welche nicht von der Natur hierher gebracht wurden. Das sollten Dinge sein, die je nach Alter und Erfahrungsstand der Kinder vorher von der Pädagogin entsprechend ausgewählt wurden. Im Garten könnten z.B. Südfrüchte liegen. Im Baum zwei Glühbirnen hängen, im Glascontainer Papier und auf dem Komposthaufen eine Flasche. Der Fantasie sind keine Grenzen gesetzt.

Zaubertinte

Material: siehe Spielverlauf
Geförderte Kompetenzen: Wissenserweiterung, Beobachtungsfähigkeit

Geheim- bzw. Zaubertinte begeistert Kinder immer wieder. Wer einen Bogen Papier mit Zitronensaft bemalt oder beschreibt, stellt schon nach kurzer Zeit fest, dass die Schrift der Zeichnung verschwunden ist. Der Zauberer kann die Schrift mit einem heißen Bügeleisen wieder sichtbar machen.

Schüttelbilder

ab 3 Jahren   1–6 Kinder

Material: siehe Spielverlauf
Geförderte Kompetenzen: Wahrnehmung, motorische Geschicklichkeit, Spielfreude

Eine flache Zigarrenkiste wird mit bunten Glasscherben, Kronkorken und beliebigen anderen Kleinmaterialien gefüllt. Als Deckel verwenden wir eine alte Fensterscheibe, die von Erwachsenen entsprechend zurechtgeschnitten und „entschärft" wurde. Diese wird mit Klebeband an der Kiste befestigt und fertig ist das Schüttelbild.

Spülmittel aus dem Kindergarten-Labor

ab 4 Jahren   2–8 Kinder

Material: siehe Spielverlauf
Geförderte Kompetenzen: Wissenserweiterung, Experimentierfreude

In unserem „Haushaltslabor" wollen wir mit den Kindern ein Geschirrspülmittel herstellen. „Soweit es sich um fettfreies Geschirr handelt", informiert die Pädagogin, „reicht heißes Wasser zum Spülen." Fett braucht allerdings einen Fettlöser. Wir können dafür eine Lösung herstellen, die zu gleichen Teilen aus Soda, Schmierseife und heißem Wasser besteht. Das so entwickelte Spülmittel wird von jedem Kind erfühlt. Anschließend findet ein Probeabwasch einiger besonders fettiger Geschirrteile statt. Und siehe da, es funktioniert.

Haus- und Stadt-Memory

	ab 5 Jahren	 2–10 Kinder

Material: pro Kind 2 Bogen Papier, 2–3 Bogen Packpapier, Wachsmalstifte, Scheren, Klebstoff
Geförderte Kompetenzen: feinmotorische Geschicklichkeit, bildnerische Darstellungsfähigkeit, Merkfähigkeit, Diffferenzierung

Jedes Kind erhält einen Bogen Zeichenpapier und eine Schachtel Wachsmalstifte in verschiedenen Farben. Die Aufgabe lautet, ein Haus zu malen, wobei wir den Kindern empfehlen, nicht zu stark ins Detail zu gehen. Hat jeder ein Haus gemalt, wird jedem gesagt, er solle sich dieses genau ansehen. Ist dieses geschehen, wird das bemalte Blatt mit einem unbemalten ausgetauscht. Jedes Kind soll jetzt sein Haus aus dem Gedächtnis noch einmal malen. Anschließend sprechen wir über Abweichungen und Übereinstimmungen mit dem Original.

Variation: Die beiden gemalten, annähernd gleichen Häuser können in einem weiteren Spieldurchgang ausgeschnitten und in weitere Einzelteile, z. B. Dach, Wand, Schornstein, Tür oder Fenster zerschnitten werden. Entweder „baut" anschließend jeder seine beiden Häuser wieder zusammen oder wir versuchen in Gemeinschaft aus allen Einzelteilen eine Stadt zu gestalten, die auf Packpapierbogen aufgeklebt wird. Nach Belieben malen die Kinder dann Bäume, Straßen, Menschen, Autos u. a. dazu.

Karton-Theater

	ab 3 Jahren	 8–20 Kinder

Material: große Kartons, Schneidemesser, Klebeband, Schnur, Fasermaler
Geförderte Kompetenzen: motorische Geschicklichkeit, Fantasie,
Gestaltungs- und Spielfreude

Große Kartons haben einen hohen Aufforderungscharakter für
Kinder und bieten Anlässe für abwechslungsreiche Rollenspiele
und Experimente. Drei Vorschläge:

- In bunter Folge ordnen wir auf dem Rasen verschieden große
  Kartons an. Die Kinder können hindurchschlüpfen, herumlau-
  fen, darüberspringen usw. Über Bewegungsabläufe hinaus dienen die Kartons als Kulisse für Kaufmannsladen, die Post oder
  ein anderes beliebiges Rollenspiel.
- Aus verschieden großen Kartons errichten Kinder und Erzieherin gemeinsam eine kleine „Kartonstadt" mit Wohnhäusern,
  Kaufläden, Kindergarten, Kirche und Rathaus.
- Aus großen Kartons bauen wir eine lustige Eisenbahn mit Lo-
  komotive, Personen- und Gepäckwagen. Nach der Fertigstel-
  lung dient der Zug für viele Stunden dem Rollenspiel. Es gibt
  Zugführer, Schaffner, Bahnhofsvorsteher und Fahrgäste.

Miniplanet

	 ab 4 Jahren	 2–10 Kinder

Material: siehe Spielverlauf
Geförderte Kompetenzen: beobachten, erkennen, benennen können,
feinmotorische Geschicklichkeit, Geduld

Durch den Bau eines Miniplaneten können wir den Kindern die
Selbstregulierungsfähigkeit der Erde demonstrieren. Die Kinder

lernen den Wasserkreislauf kennen, denn in unserem Miniplaneten wird das Wasser ständig umgewälzt. Außerdem spaltet das Blattgrün bei Licht (Fotosynthese) das Wasser und verbindet den Wasserstoff mit Kohlendioxid zu Kohlehydraten, wobei Sauerstoff frei wird. Das Moos des Miniplaneten „atmet". Es nimmt Sauerstoff auf, bildet wieder Kohlendioxid und Wasser. Auf der beschlagenen Scheibe lässt sich das erkennen.

Zur Herstellung des Miniplaneten benötigen wir eine Käseglocke, eine Glasunterlage, Glasklebstoff und Moos. Auf die Glasunterlage legen wir verschiedene Moose, die wir mit den Kindern gesammelt haben. Sie sollten noch etwas Erde enthalten. Das Ganze wird mit Wasser angefeuchtet. Darüber stülpen wir die Glocke. Wenn die Glocke tagsüber etwa zur Hälfte beschlagen ist, stimmt der Wasserhaushalt, und die Glocke kann mit einem Glaskleber auf der Glasplatte festgeklebt werden. Ist das nicht der Fall, stimmt der Wasserhaushalt nicht und wir müssen noch etwas mit Wasserzugaben oder Verdunstung experimentieren.

So erhalten wir ein Biotop mit etwa 100 Millionen Bakterien und Mikropilzen, tausend winzigen Insekten, Milben und Fadenwürmern. Das Biotop kann sich über Jahre hinweg selbst im Gleichgewicht halten, so wie es die Erde auch tut.

Walddetektive

Material: keines
Geförderte Kompetenzen: aufmerksames Beobachten, erkennen, verbalisieren, unterscheiden können, Wahrnehmung

Im Wald gibt es viel zu entdecken. Zuvor geht die Erzieherin in den Wald und sucht für die Entdeckungstour ein geeignetes Waldstück aus. Die Kinder bekommen Beobachtungsaufgaben:

- Erforscht, in welchen Bäumen Vögel wohnen.
- Betrachtet Vogelnester; untersucht alte Vogelnester.
- Betrachtet Altholz; entdeckt darin Insekten, Borkenkäfer, Bockkäfer und Holzwespen.
- Spürt in „totem" Holz Insekten, z. B. Ameisen, auf.
- Sucht Blätter, die auf dem Waldboden liegen, nach Fußspuren von Insekten ab.

Das geniale Forschermikroskop

Material: Wassergläser, Metallstreifen (Schnellhefter), Tesafilm, Spiegel, Korken, Wasser
Geförderte Kompetenzen: Beobachtungsfähigkeit, Wahrnehmung, erkennen, benennen können, Wissenserweiterung

Naturbeobachter und Forscher benötigen natürlich ein Mikroskop, um auch die winzigsten Lebewesen genau „unter die Lupe" nehmen zu können. Mit wenigen Mitteln lässt sich ein einfaches Mikroskop für das „Kindergartenlabor" herstellen. Die Pädagogin hat pro Kind den Metallstreifen eines Schnellhefters besorgt. Dieser wird in eine rechtwinklige Form gebogen und mit einem Klebestreifen an einem umgestülpten Wasserglas befestigt. Das Loch des Metallstreifens sollte sich etwa 1 cm über dem Glasboden befinden. Dann legen die Kinder einen Taschenspiegel schräg auf einen Flaschenkorken. Er dient zur Bildaufhellung. Die Kinder setzen ein kleines Insekt auf den Glasboden, tupfen einen Wassertropfen in das Loch des Metallstreifens und gehen mit dem Auge ganz nah heran. Sollte das Bild noch etwas unscharf sein, wird der Metallstreifen noch etwas nach unten gebogen, bis der „Forscher" alles gut erkennen kann.

Von den Lippen lesen

Material: keines
Geförderte Kompetenzen: aufmerksame Wahrnehmung, Konzentrationsfähigkeit, erkennen, verbalisieren können

Wie geht es Menschen, die nicht hören können? Um den Kindern (Kleingruppe) die Welt der Hörgeschädigten etwas näher zu bringen, setzt sich die Pädagogin einen Zeitraum von ca. fünf Minuten, in dem die Kinder normal sprechen können, die Pädagogin aber nur stumm die Lippen bewegt. Dabei achtet sie auf langsame (übertriebene) Mundbewegungen. Welche Wörter bzw. Laute können die Kinder am einfachsten verstehen? Welche sind am schwersten? Kommt es überhaupt zu einer Verständigung?

Sobald das Spiel läuft, kommt es zum Rollentausch. Jeweils ein Kind bewegt stumm seine Lippen und die Pädagogin versucht es zu verstehen. (Das Spiel ist auch geeignet, um etwas Ruhe einkehren zu lassen.)

Wasser verändert

ab 3 Jahren   2–8 Kinder

Material: Ei, Kochtopf, Herdplatte, ggf. Kakao, Kaffee, Wasserfarben
Geförderte Kompetenzen: Wissenserweiterung, erkennen, benennen können

Täglich gehen wir mit Wasser um (beim Kochen, Waschen, Trinken usw.). Um zu zeigen, wie Wasser beim Kochen bestimmte Dinge verändert, lässt die Pädagogin von den Kindern ein rohes Ei aufschlagen. Dann lässt sie es in kochendes Wasser gleiten. Die Kinder sehen, wie das Ei gerinnt: Es verändert sein Aussehen.

Variation: Kakao oder Farben werden mit Wasser vermischt.

Wasser verdunstet

ab 4 Jahren   1–20 Kinder

Material: Taschentuch, Föhn, Schälchen
Geförderte Kompetenzen: Wahrnehmung, erkennen und benennen können, Wissenserweiterung

Wasser kann auch weniger werden, ohne erhitzt zu werden. Um diesen Vorgang der Verdunstung zu veranschaulichen, wird ein Taschentuch befeuchtet und mit dem Föhn wieder getrocknet.

Variation: Die Kinder stellen ein Schälchen Wasser auf die Heizung; sie beobachten, wie es von Tag zu Tag weniger wird. Markierungen zeigen das Verdunsten an.

Schnee, Eis und Hagel

Material: siehe Spielverlauf
Geförderte Kompetenzen: Beobachtungsfähigkeit, Aufmerksamkeit, erkennen, benennen können, Wissenserweiterung

Ähnlich wie der Regen entsteht auch der Schnee, nur dass dabei der Dampf nicht flüssig wird, sondern zu winzigen Kristallen gefriert.

Im Winter können die Kinder eine Schüssel Schnee auftauen oder einen mit Wasser gefüllten Behälter zum Gefrieren in den Kühlschrank stellen. Die Kinder beobachten dabei die vor sich gehenden Veränderungen.

Wo ist der Wecker?

Material: 1 Wecker
Geförderte Kompetenzen: konzentrierte Sinneswahrnehmung, erkennen, verbalisieren können

Die Pädagogin sagt den Kindern zuerst, dass es bei diesem Spiel mucksmäuschenstill zugehen muss. Es sollte deshalb eine entsprechend günstige Situation im Tagesablauf gewählt werden. Jeweils ein Kind lässt sich die Augen verbinden. Es kniet sich nieder und versucht einen in etwa 3 Meter Entfernung stehenden mechanischen Wecker zu finden. Die Hände sollen bei der Suche aber nicht benutzt werden.

Tinte wird zu Wasser

Material: 1 Glas, dunkelblaues Papier, Tuch
Geförderte Kompetenzen: Beobachtungsfähigkeit, erkennen, benennen können, Wissenserweiterung

Auf dem Tisch steht ein Wasserglas. Es ist von innen mit dunkelblauem Papier ausgekleidet und mit Wasser gefüllt. Der Zauberkünstler deckt ein Tuch darüber, murmelt seinen Zauberspruch und berührt es mit dem Zauberstab. Jetzt hebt er das Tuch hoch und zieht gleichzeitig das blaue Papier mit weg. Auf diese Weise hat sich die „Tinte" in Wasser verwandelt.

Gegenstände verschwinden lassen

Material: je zwei gleiche kleine Gegenstände
Geförderte Kompetenzen: genaues Beobachten, Wahrnehmung, Konzentrationsfähigkeit

Etwas für aufmerksame Beobachter.

Für diese Zauberei brauchen wir einen Eingeweihten. Der Zauberer hält ein Radiergummi (Würfel, Portemonnaie o.Ä.) in der Hand, legt locker ein Tuch darüber und lässt nacheinander einige Zuschauer darunterfassen und bestätigen, dass es noch dort ist. Der letzte – eingeweihte – Zuschauer nimmt es unauffällig und steckt es fort. Mit einem „Abrakadabra" zieht der Zauberer das Tuch weg und die Hand ist leer. Entweder holt der Zauberer jetzt einen zweiten gleichen Radiergummi aus der Tasche oder er wird in der Nähe des Eingeweihten gefunden.

Die wandernde Münze

ab 3 Jahren   **10–20 Kinder**

Material: 2 Münzen, 2 Teller
Geförderte Kompetenzen: genaues Beobachten, Aufmerksamkeit, feinmotorisches Geschick

Der Zauberer legt eine Münze unter einen Teller und zaubert sie mithilfe eines zweifachen „Schlimbum-Schlaborius" unter den zweiten Teller. Das ist noch kinderleicht. Die schwierige Aufgabe kommt jetzt erst, nämlich die Münze wieder unter den ersten Teller zurückzuzaubern. Der Zauberer hebt den Teller hoch und siehe da: Die Münze liegt darunter. Damit der „Schwindel" nicht herauskommt, darf man nur vorher, zwischendurch nicht, den zweiten Teller hochheben.

Geländekim

ab 5 Jahren   **8–12 Kinder**

Material: siehe Spielverlauf
Geförderte Kompetenzen: motorische Geschicklichkeit, aufmerksames Beobachten, differenzieren, verbalisieren können, Wissenserweiterung

Wir teilen die Kindergruppe in zwei Kleingruppen A und B. Beide Gruppen gehen eine kurze Wegstrecke ab (je nach Alter, Erfahrung und Entwicklungsstand der Kinder bemessen, maximal jedoch 100 Meter). Sie prägen sich den Boden, die Büsche und die nähere Umgebung der Wegstrecke gut ein, achten auch auf Kleinigkeiten. Nun kehren alle zum Ausgangspunkt zurück. Gruppe A bekommt

den Auftrag, innerhalb der begangenen Wegstrecke etwa 10 Veränderungen vorzunehmen: einen Stein auf die andere Seite legen,
Dinge, die nicht in den Wald gehören, dorthin legen, Laubhaufen
umschichten oder Tannenzapfen unter einen Laubbaum legen.
Gruppe B versucht, die Veränderungen herauszufinden.

Ein zweiter Durchgang mit vertauschten Rollen sollte erfolgen.
Am Ende des Spiels werden selbstverständlich alle „waldfremden"
Gegenstände wieder eingesammelt.

Beobachtungen am laufenden Band

| | ab 4 Jahren | | 4–10 Kinder |

Material: siehe Spielverlauf
Geförderte Kompetenzen: Wahrnehmung, aufmerksames Beobachten,
feinmotorisches Geschick, verbalisieren

Für jedes Kind wird in der Wiese (kurz bevor sie gemäht wird) eine
Schnur gespannt. Jedes Kind bekommt eine Lupe, einen Stift und
einen Malblock. Jetzt gehen die Kinder entlang der Schnur auf
„Entdeckungsreise". Sie beobachten, was sich entlang der Schnur
bewegt, krabbelt, lebt und wächst. Das können kleine Tiere (Käfer,
Raupen, Heuschrecken), ein vierblättriges Kleeblatt oder ein
Schneckenhaus sein. Die Kinder betrachten die Funde genau und
malen auf, was sie gesehen haben.

Regenschirmexperiment

| | | ab 4 Jahren | | 2–8 Kinder |

Material: großer Regenschirm
Geförderte Kompetenzen: Wahrnehmung, entdecken, erkennen, benennen können, Wissenserweiterung

Die Kinder halten einen aufgespannten Regenschirm umgekehrt unter einen Baum. Der Baum wird geschüttelt oder man klopft gegen den Stamm. Insekten, Spinnen und andere kleine Tiere werden in den Schirm fallen. Die Tiere sollten noch an Ort und Stelle mit der Lupe betrachtet werden. Dabei können die Kinder ihre Scheu vor Insekten verlieren und in ihnen nützliche Waldbewohner erkennen.

Bildgedächtnis

| | | ab 4 Jahren | | 4–10 Kinder |

Material: Bilder aus Illustrierten
Geförderte Kompetenzen: Wahrnehmung, Konzentrationsfähigkeit, Merkfähigkeit, erkennen, benennen können

Zwei Gruppen werden gebildet. Die Spielleitung zeigt den Mitspielern ein Bild, ein Foto oder eine Illustrierte für etwa zwei Minuten. Danach wird das Bild umgedreht und weggelegt. Nun müssen die Mitspieler beider Gruppen nacheinander innerhalb einer festgelegten Zeit von ca. drei bis zehn Sekunden (je nach Alter) einen Gegenstand nennen, der auf der Vorlage zu sehen war. Kann ein Mitspieler einer Gruppe keinen Gegenstand nennen, kommt ein Mitspieler der anderen Gruppe an die Reihe. Die Gruppe, die am Ende des Spiels die meisten Gegenstände genannt hat, ist Sieger.

Adlerauge

| | ab 4 Jahren | | 2–10 Kinder |

Material: ausreichend viele Bildkarten
Geförderte Kompetenzen: Genaues Beobachten, Reaktionsfähigkeit, erkennen, benennen können

Vor Beginn eines Spaziergangs oder einer Reise werden bekannte Motive aus Illustrierten ausgeschnitten und auf Karten geklebt (z. B. Hund, Katze, Regenschirm, Haus). Jedes Kind bekommt etwa acht bis zehn Karten. Wer nun während der Fahrt oder des Spaziergangs einen Gegenstand sieht, der auf einer seiner Karten abgebildet ist, meldet sich und gibt die Karte der Spielleitung ab. Wer am Schluss die wenigsten Karten besitzt, ist Sieger.

Super-Schuhcreme

		ab 4 Jahren		2–10 Kinder

Material: siehe Spielverlauf
Geförderte Kompetenzen: Wissenserweiterung, Experimentierfreude

Nicht nur zur Nikolauszeit macht das Schuhputzen Spaß. Auch im „Polifaxzeitalter" kann selbst etwas Alltägliches wie die Schuhpflege für Kinder zur Entdeckungstour mit viel Spaß werden. Leder lässt sich einfach mit einem feuchten Lappen säubern. Wenn es getrocknet ist, wird es mit einer Fettcreme eingerieben. Anschließend polieren wir die Schuhe mit einer Bürste auf Hochglanz. Vor dem Eintritt des Winters wollen wir mit den Kindern die Schuhe winterfest machen.

Dazu stellen wir gemeinsam eine Paste her:

- 125 g Olivenöl
- 30 g Schmalz
- 30 g Bienenwachs
- 7 g gereinigtes Harz

Alle Zutaten haben wir zuvor in einer Drogerie gekauft und jetzt miteinander vermischt. An den eigens mitgebrachten Schuhen probieren alle kleinen und größeren Entdecker ihre „Allwettersuperschuhcreme" aus. Die Eltern werden vorher informiert.

Haare färben

  ab 4 Jahren  2–20 Kinder

Material: Lebensmittelfarbe, Wasser, Essig
Geförderte Kompetenzen: Wissenserweiterung, Experimentier- und Spielfreude

Für festliche Anlässe wie den Basar oder ein Faschingsfest im Kindergarten und Hort oder zu Hause können wir uns die Haare ganz ohne Chemie färben.

Dazu benötigen wir ungiftige Lebensmittelfarben. Etwa 20 Tropfen Lebensmittelfarbe werden mit einer halben Tasse Wasser und einem Teelöffel Essig vermischt und ins Haar gestrichen. Hierbei geht die Erzieherin den kleineren Kindern zur Hand. Attraktiv sieht es auch aus, wenn nur einzelne Haarsträhnen eingefärbt werden oder jede Strähne eine andere Farbe bekommt. Niemand braucht einen Schock zu fürchten, da eine Haarwäsche die Farbpracht unproblematisch verschwinden lässt. Selbstverständlich informieren wir die Eltern vorher über unser Vorhaben.

Pfeffer und Salz

  ab 4 Jahren  2–10 Kinder

Material: Pfeffer, Salz, Plastiklöffel, Wollschal
Geförderte Kompetenzen: erkennen und benennen können, Wissenserweiterung, Experimentierfreude

Ein interessantes Experiment und Wettspiel zugleich. Wem gelingt es, ein gemischtes Häufchen aus gemahlenem Pfeffer und Salz wieder voneinander zu trennen? „Das gibt's nicht", werden die Kinder sagen. Die Pädagogin macht es vor, indem sie auf einen flachen Teller etwas grobkörniges Salz und darauf etwas gemahlenen Pfeffer gibt. Nun fragt sie die Kinder, wer versuchen möchte, die Gewürze voneinander zu trennen. Vielleicht gibt es originelle Trennungsvorschläge. Jetzt nimmt die Pädagogin einen Plastiklöffel, reibt ihn kräftig an einem Wollschal und führt ihn langsam von oben an das Salz- und Pfefferhäufchen heran. Siehe da, durch die Reibung mit dem Wollschal hat sich der Plastiklöffel elektrostatisch aufgeladen und zieht die Pfefferkörnchen wie ein Magnet an. Nacheinander versuchen jetzt die Kinder ihr Glück. Vielleicht stellen sie sogar fest, dass der Löffel auch die größeren Salzkörner anzieht, wenn man den Löffel noch etwas näher an das Häufchen heranführt. Die Kinder erkennen, dass die Pfefferkörner zuerst an den Löffel springen, weil sie leichter sind.

Der Traum vom Fliegen

Material: keines
Geförderte Kompetenzen: sinnliche Wahrnehmung, Körpererfahrung, verbalisieren können

Fliegen zu können aus eigenem Antrieb und ohne fremde Hilfsmittel war schon immer ein großer Traum der Menschheit. Für ein paar Sekunden können wir Kindern dieses Gefühl vermitteln. Ein Kind stellt sich freiwillig in einen offenen Türrahmen, streckt dann die Arme aus und drückt sie kräftig gegen die Türpfosten. Nach etwa 20 bis 30 Sekunden fordert die Pädagogin auf, loszulassen und aus dem Türrahmen zu treten. Die Arme des Kindes werden plötzlich ganz leicht und es erscheint ihm, es könnte schweben.

Die Erklärung für dieses Gefühl gibt die Pädagogin: „Während du kräftig gegen die Türpfosten gedrückt hast, haben sich deine Armmuskeln stark angespannt, und wenn du aus dem Türrahmen kommst, löst sich die Muskelspannung und deine Arme empfindest du als ganz leicht. Für einen kurzen Augenblick meinst du zu fliegen." Die meisten Kinder möchten dieses „Fluggefühl" auch einmal ausprobieren.

Künstliche Eisblumen

Material: 1 Päckchen Bleichsoda (Drogerie), Schüssel, 2 Tassen, Schwamm
Geförderte Kompetenzen: feinmotorisches Geschick, erkennen, benennen können, Wissenserweiterung

Die Kinder müssen nicht bis zum nächsten Winter warten, um Eisblumen an den Fenstern zu sehen. Mit einfachen Mitteln lassen sich künstliche Eisblumen zaubern. Mit Unterstützung der Pädagogin geben die Kinder eine Tasse Bleichsoda, das zuvor aus der Drogerie besorgt wurde, zusammen mit einer Tasse heißes Wasser in eine Schüssel. Die Mixtur wird so lange verrührt, bis sich die Sodakristalle auflösen. Anschließend tragen die Kinder die angerührte Flüssigkeit mit einem Schwamm auf der Fensterscheibe (z. B. des Gruppenraumes) auf. Innerhalb von etwa 15 bis 20 Minuten verdunstet das Wasser und hinterlässt Sodakristalle auf der Scheibe, die Eisblumen täuschend ähnlich sehen. Will man sie irgendwann wieder beseitigen, muss man sie lediglich mit einem feuchten Tuch wegwischen.

Dschungel im Karton

Material: siehe Spielverlauf
Geförderte Kompetenzen: Materialerfahrung, Kreativität, freies Gestalten, Fantasie

Wir benötigen Schuhkartons, Plastikfolie, Klebeband, Tonpapier, Deko-Material und Farben, Zeitschriftenfotos, kleine Spielzeuge (Autos, Tiere, Figuren, kleine Häuser), eventuell Gräser, Moos, Steinchen, Muscheln.

Alle Kinder, die schon einmal im Museum waren, haben dort Dioramas gesehen, die z. B. lebensechte Szenen aus fernen Ländern oder der Vergangenheit zeigen.

Mit den etwas größeren Kindern in der Gruppe können wir selbst ein oder mehrere Dioramas herstellen. Benötigt werden die obigen Materialien, aus denen sich Szenen erstellen lassen wie diese:

Weltraum

Auf einem Hintergrund aus dunkelblauem oder schwarzem Papier werden Fotos oder Zeichnungen von Planeten und Kometen aufgeklebt und mit weißer Temperafarbe Sterne aufgemalt. Von der Kartondecke lassen wir ein Spielzeug-Raumschiff herunterhängen, in dem sich ein bis zwei Astronauten befinden.

Urwald

Dschungelbilder aus Illustrierten und Gräser bilden den Hintergrund, vor dem wir mit den Kindern Dschungeltiere, einen Jeep und Forscher aufstellen. Aus Pappe und kleinen Ästchen wird eine Hütte gebastelt. Wem fällt noch mehr ein?

Hafen

Ein Kalenderblatt oder das Zeitschriftenfoto eines Hafens ist der Hintergrund für eine Hafenanlage mit mehreren kleinen Schiffen, die be- und entladen werden. Lastwagen, Sattelschlepper und Container stehen zusammen mit einem kleinen Spielzeugkran dafür bereit.

Museum

Für eine Gemäldegalerie wie im Louvre wählen wir einen einfarbigen hellen Kartonhintergrund, auf den kleine Fotos von Bildern berühmter Maler geklebt und mit gemalten Bilderrahmen versehen werden.

Von Bohnenkraftwerken, tanzenden Garnrollen und Pusteblumenhubschraubern

In der zweiten Staffel erfahren die Kinder, welche Kraft in einer einzigen Bohne stecken kann („Bohnenkraftwerk") und wie man mithilfe von Tintenwasser weiße Blumen „verzaubern" kann. Die kleinen Forscher informieren sich über die Anatomie von Insekten, können einen Luftballon elektrisieren, Farbbeobachtungen vornehmen, eine Pappschachteltraumstadt bauen und Garnrollen tanzen lassen.

Neue Erfahrungen sammeln die Kinder bei starken Experimentierspielen mit Papier, Zucker, Strom und Magnetismus. Kaum zu glauben, dass man mithilfe eines Joghurtbechers „sichtbare Töne" erzeugen, mit einem Tischtennisball ein buntes „Zufallskunstwerk" entstehen lassen kann und Farben ein unterschiedliches Tempo haben. Verblüffendes erleben die Kinder auch beim schnellen „Spüli-Hai", bei „Kommissar Finger" oder beim Bau einer „Trinkhalm-Wasserwaage".

Bohnenkraftwerk

	ab 4 Jahren		2–10 Kinder

Material: Bohnen, Gips, kleine Schachteln
Geförderte Kompetenzen: gezieltes Beobachten, erkennen und benennen können, Wissenserweiterung, motorische Geschicklichkeit

Für dieses Experiment, das den Kindern zeigen soll, welche Kraft in einer Bohne steckt und wie viel Wasser sie speichert, benötigen wir für jedes Kind eine Bohne, eine Pappschachtel und etwas Gips. Jedes Kind kennzeichnet seine Schachtel und legt die Bohne hinein. Die Pädagogin hilft den Kindern, den Gips nach der Gebrauchsanweisung anzurühren. Der Gips wird in die Schachtel gegossen. Nun brauchen die Kinder nur noch abzuwarten, was geschieht. Sie sollten jeden Tag nachsehen, ob die Bohne ihren Gipsmantel schon gesprengt hat.

Grabbelkiste

Material: Kiste mit 1–2 Handöffnungen, Gegenstände
Geförderte Kompetenzen: taktile Wahrnehmung, erkennen, benennen können

Viele Gegenstände liegen in einer Kiste oder in einem Schuhkarton, der verschlossen ist und nur zwei Handlöcher hat. Durch Tasten soll erraten werden, welche Gegenstände sich in der Kiste befinden.

Dosenhandy

Material: siehe Spielverlauf
Geförderte Kompetenzen: motorische Geschicklichkeit, konzentriertes Hören, Kommunikationsfähigkeit

Nach Möglichkeit sollte auf den Kauf von Konservendosen verzichtet werden. Manche Dosen geben Zinn an Lebensmittel ab, andere haben mit Blei verschlossene Nähte. Auch Lackierungen können Bleiausscheidungen nicht völlig verhindern.

Sollten sich dennoch Dosen auffinden, so können wir sie gründlich reinigen, ein Loch in die Mitte des Bodens bohren und ein Band mit einem Knoten am Ende darin befestigen. Mit dem guten alten Dosentelefon lässt sich tatsächlich von Raum zu Raum über eine Entfernung von ca. zehn Metern „telefonieren".

Das Dosentelefon bietet zu Hause wie in Kindergarten und Hort viele Anlässe für Rollenspiele und Gespräche – trotz unseres Handy-Zeitalters!

Lautlose Musiker

| | | ab 3 Jahren | | 10–20 Kinder |

Material: siehe Spielverlauf
Geförderte Kompetenzen: aufmerksames Beobachten, motorische
Geschicklichkeit, erkennen, benennen können

Die Teilnehmer bilden einen Kreis. Ein Mitspieler wird hinausgeschickt. Nun wird ein „Musiker" gewählt, der lautlos ein Instrument spielt, d. h. nur die entsprechenden Bewegungen macht. Alle
im Kreis sitzenden Teilnehmer müssen sich nach diesem Musiker
richten und sein „Instrument" nachspielen. Derjenige, der hinausgeschickt worden ist, wird hereingerufen und muss erraten, wer im
Kreis der „Musiker" ist, d. h. den anderen die Bewegungen vor-
macht.

Blumen und Pflanzen konservieren

| | | ab 4 Jahren | | 2–10 Kinder |

Material: siehe Spielverlauf
Geförderte Kompetenzen: sammeln, erkennen und unterscheiden können,
Wissenserweiterung, feinmotorische Geschicklichkeit

Schon vor mehr als 400 Jahren fand der italienische Botaniker Luca
Ghine heraus, dass sich Pflanzen durch Trocknen und Pressen kon-
servieren lassen. Die Methode des „Herbarierens" macht nicht nur
Erwachsenen, sondern auch Kindern Spaß und erweitert das naturkundliche Wissen.

Wollen wir mit den Kindern sammeln und herbarieren, benötigen wir Lupen mit starker Vergrößerung, Pflanzenstecher, Ta-
schenmesser, Plastikbeutel zum Sammeln, Präpariernadeln und
Pinzetten, Lösch- und Fließpapier, Bütten- und Herbarierpapiere

als Albumblätter. Die Pädagogin hat rechtzeitig einige Pflanzenbestimmungsbücher besorgt.

Das Trocknen und Pressen der Pflanzen ist ein einfacher Vorgang. Die Pflanzen werden mit Präpariernadel und Pinzette in die Lage gebracht, in der sie konserviert werden sollen. Dann werden sie zwischen mehrere Löschblätter (notfalls auch Zeitungspapier) gelegt und durch Beschweren gepresst. Hierfür legen wir z. B. mehrere dicke Bücher auf. Mit den getrockneten Pflanzen kann gebastelt werden, die Kinder können Briefkarten verzieren oder ein Pflanzenalbum (Herbarium) anlegen.

Pusteblumenhubschrauber

Material: siehe Spielverlauf
Geförderte Kompetenzen: Spielfreude, erkennen und benennen können, Wissenserweiterung, motorische Geschicklichkeit

Jedes Kind pflückt sich eine Pusteblume und pustet die Samen so weit wie möglich weg. Den Flug der Samen verfolgen wir. Wer möchte, kann auch ein Fähnchen dort hinstecken, wo sein Pusteblumenhubschrauber gelandet ist. Wessen „Hubschrauber" ist besonders weit geflogen?

Blütenkorb

ab 3
Jahren

2-10
Kinder

Material: größerer Drahtkorb
Geförderte Kompetenzen: Geduld, Wissenserweiterung, motorische
Geschicklichkeit, Experimentierfreude

Im Sommer wollen wir zusammen mit den Kindern einen prächtigen Blütenkorb erstellen. Dafür besorgen wir im Kaufhaus einen Drahtkorb, wie man ihn zum Waschen von Gemüse oder zum Aufbewahren von Eiern kennt. In einen solchen Korb füllen wir reichlich Moos und Humus aus dem Wald und hängen ihn auf der Terrasse der Einrichtung auf. Die Kinder streuen Samen von Ringelblumen oder Löwenmäulchen darüber und achten in den nächsten Tagen darauf, dass das Moos immer gut feucht ist. Schon nach einiger Zeit entsteht ein prächtiger Blütenkorb, der bei guter Pflege über Monate blühen kann.

Blumenzauberei

ab 3
Jahren

2-10
Kinder

Material: Tinte, evt. Rote-Beete-Saft, Wasser, Glasgefäß
Geförderte Kompetenzen: Wahrnehmung, beobachten, erkennen und
benennen können, Experimentierfreude

Wir pflücken einige weiß blühende Blumen und stellen sie in Tintenwasser. Nach kurzer Zeit färben sich die Blumen hellblau.

Das Experiment lässt sich auch machen, indem das Tintenwasser durch den Saft der roten Beete ersetzt wird. Dann erhalten wir rosa Blumen. Die Kinder sollten selbst mit Blumen und Naturfarben experimentieren.

Insekten-Anatomie

Material: Glas mit Deckel, Insekt (Fliege, Käfer), Papier, Buntstifte, Knetgummi
Geförderte Kompetenzen: genaues Beobachten, erkennen und benennen können, Wissenserweiterung

Normalerweise haben wir kaum eine Chance, Insekten über einen längeren Zeitraum in Ruhe zu betrachten, da sie sehr klein und äußerst flink sind. Die Pädagogin hat (eventuell mithilfe der Kinder) ein Insekt gefangen und in ein Glas mit Deckel gesetzt. Ausgiebig können nun Kopf, Brustkorb, Hinterleib, Vorder- und Hinterbeine wie Flügel in Ruhe betrachtet und benannt werden. Sind die anatomischen „Studien" abgeschlossen und ist alles identifiziert worden, bringen wir den Gast wieder dorthin, wo er hingehört: in die Freiheit.

Im Anschluss können die Kinder ihren Gast malen oder mit Modelliermasse formen.

Elektro-Ballons

Material: Luftballons, Papier, Wollschal oder -pullover
Geförderte Kompetenzen: genaues Beobachten, erkennen und verbalisieren können, Wissenserweiterung

Bei diesem völlig ungefährlichen Experiment erfahren die Kinder etwas über die elektrische Aufladung. Dafür benötigen sie ein Blatt Papier, das in viele kleine Schnipsel gerissen wird. Dann nehmen sie einen Ballon, blasen ihn auf und verknoten ihn. Anschließend reiben sie ihn etwa 15 bis 20 Sekunden kräftig an ihrem Wollpullover (es funktioniert auch an einem Wollschal oder an den Haaren). Wenn die Kinder jetzt den Ballon über die Papierschnipsel halten, zieht er sie wie ein Magnet an und sie bleiben an ihm kleben. Von der Pädagogin erfahren die Kinder, dass sich durch die Reibung ihr Ballon mit statischer Elektrizität aufgeladen hat.

Farbenkreisel

| | | ab 4 Jahren | | 2–10 Kinder |

Material: siehe Spielverlauf
Geförderte Kompetenzen: Grundfarben kennen und benennen können, genaues Beobachten, Wahrnehmung, Experimentierfreude

Die etwas älteren Kinder in der Gruppe kennen die Grundfarben Rot, Gelb und Blau. Aber wissen sie auch schon, dass man aus diesen drei Farben viele andere Farben zusammenmischen kann?

Für unser Kreisel-Experiment benötigen wir drei runde Bierdeckel und drei Farbstifte in den drei Grundfarben, weißes Papier, Bastelscheren und Klebstoff. Aus dem Papier schneiden die Kinder drei Kreise von der gleichen Größe wie die Bierdeckel aus und kleben sie auf die Deckel. Nach dem Trocknen des Klebstoffs wird der erste Bierdeckel genau zur einen Hälfte blau und zur anderen Hälfte gelb bemalt. Der zweite Deckel bekommt eine gelbe und eine rote Hälfte. Und bei dem dritten malen die Kinder eine Hälfte rot und die andere blau an. Durch die Mitte jedes Bierdeckels bohren die Kinder (mithilfe der Pädagogin) einen Buntstift bzw. Bleistift, sodass jetzt drei Kreisel entstanden sind. Werden diese gedreht, vermischen sich die Farben und die Kinder können beobachten, dass sich so folgende neue Farben ergeben: Blau und Gelb = Grün, Gelb und Rot = Orange, Rot und Blau = Violett.

Waldgerüche-Quiz

| | ab 5 Jahren | | 2–10 Kinder |

Material: siehe Spielverlauf
Geförderte Kompetenzen: Wahrnehmung, differenzieren, erkennen und benennen können, Wissenserweiterung

Wir legen mit den etwas größeren Kindern zunächst eine „Duftsammlung" an. Dafür werden Waldmaterialien, die intensiv duften, wie z. B. Baumrinden mit Harz, Blätter, Moose und Farne gesammelt, Blätter werden zerrieben und jedes „Duftutensil" in einer verschlossenen Dose aufbewahrt.

Käfer und Schmetterlinge berauschen sich an dem Saft der Eichenrinde, der einen starken Duft ausströmt. Auch Menschen können diese Gerüche wahrnehmen. Die Pädagogin hilft den Kindern bei der Identifizierung der Düfte. Später kann ein Duftkim aus den Utensilien entwickelt werden. Die Gruppe kann auch direkt in den Wald auf „Schnuppertour" gehen.

Nachdem viele Aktionen im Einzugsgebiet der Kinder stattgefunden haben, sollte die Entdeckungstour direkt in den Wald führen.

Rotkohlzauberei

| | ab 4 Jahren | | 2–20 Kinder |

Material: siehe Spielverlauf
Geförderte Kompetenzen: genaues Beobachten, erkennen können, Wissenserweiterung, Wahrnehmung

Mit einem Rotkohlblatt aus unserem Garten, Wasser, Essig und etwas Natron lassen sich Farbzaubereien durchführen. Die Pädagogin zeigt den Kindern, wie es geht. Zuerst hacken wir gemeinsam ein Rotkohlblatt klein und überbrühen es mit kochendem Wasser.

Nach etwa 30 Minuten wird das violett gefärbte Kohlwasser in ein Glas abgegossen. Für die Zauberei stellen wir nun drei Gläser auf den Tisch, die scheinbar klares Wasser enthalten. In Wirklichkeit ist nur im ersten Glas Wasser, im zweiten weißer Essig und im dritten Wasser mit etwas aufgelöstem Natron. Wird nun etwas Kohlwasser in jedes der Gläser gegossen, so bleibt die erste Flüssigkeit in der Färbung violett, die zweite wird rot und die dritte grün.

Das Zaubergeheimnis wird von der Pädagogin gelüftet: Der violette Farbstoff des Kohls verfärbt sich in sauren Flüssigkeiten (Essig) rot, während er in alkalischen (Natron) grün wird und sich im neutralen Wasser nicht verfärbt.

Schwamm-Garten

| | | ab 3 Jahren | | 2–20 Kinder |

Material: Schwämme, Kapuzinerkresse oder Lattichsamen
Geförderte Kompetenzen: genaues Beobachten, Wissenserweiterung, Experimentierfreude

Für dieses gärtnerische Experiment im Kindergarten benötigen wir saubere Schwämme, die frei von Reinigungsmitteln sind. Die Kinder legen die Schwämme in tiefe Teller und streuen Kapuzinerkresse oder Lattichsamen darüber. Dann werden die Teller etwa 1 cm mit Wasser gefüllt und im warmen Raum ans Licht gestellt. Schon nach drei Tagen ist der Schwamm mit grünen Pflänzchen übersät und nach etwa zehn Tagen kann geerntet werden.

Pappschachteltraumstadt

| | | ab 5 Jahren | | 4–10 Kinder |

Material: siehe Spielverlauf
Geförderte Kompetenzen: feinmotorische Geschicklichkeit, Fantasie, Kreativität, Gestaltungsfreude

Aus Pappschachteln, Dosen, Toilettenpapierrollen, Styroporplatten und anderen Abfallmaterialien bauen wir eine Traumstadt. Es kann auch eine Puppenstube aus alten Pappkartons entstehen. Die Figuren dazu werden entweder aus Pappmaschee, Knetmasse oder Ton hergestellt. Die Arbeit lässt sich sinnvollerweise als Gruppenbauwerk planen. Jedes Kind bekommt dabei nach einer gemeinsamen Besprechung einen Auftrag. Unterschiedliche Vorstellungen und Fertigkeiten der Kinder sind bei der Planung zu berücksichtigen. So werden nicht nur instrumenteile, sondern auch soziale Fähigkeiten vermittelt.

Super-Insektenfalle

Material: weißes Bettlaken, helle Lampe
Geförderte Kompetenzen: genaues Beobachten, erkennen und benennen können, Wissenserweiterung

Dieses Experiment eignet sich besonders als Abendaktion im Rahmen eines Schlaf- oder Pyjamafestes im Kindergarten. Wenn im Sommer die Mückenplage ausbricht, kann man auf einfache Weise Insekten fangen und Nachtfalter beobachten. Dafür spannen die „Insektenforscher" nach Einbruch der Dunkelheit ein großes weißes Bettlaken zwischen Ästen auf. Sobald man den Lichtstrahl einer Lampe darauf richtet, ist das Laken schwarz von Insekten, die jetzt ausgiebig beobachtet werden können.

Hör genau zu!

Material: siehe Spielverlauf
Geförderte Kompetenzen: Wahrnehmung, konzentriertes Zuhören, differenzieren, erkennen und benennen können

Für dieses leise Konzentrations- und Wahrnehmungsspiel, bei dem die Kinder nicht sprechen sollen, hat die Pädagogin zuvor Materialien bereitgestellt, um verschiedene Geräusche zu produzieren. Hinter einer Stellwand oder aufgespannten Decke kann jeweils ein Kind Geräusche erzeugen, z.B.:

- Eine Zeitung zerreißen,
- Einen Luftballon aufblasen,
- Nüsse knacken,
- Korken ziehen,

- Mit Folie knistern,
- In einen Apfel beißen,
- Eine Streichholzschachtel schütteln usw.

Die Pädagogin achtet darauf, dass erratene Geräusche nicht vorschnell ausgeplaudert werden. Also, erst einmal genau zuhören!

Tanzende Garnrollen

ab 4 Jahren   1–6 Kinder

Material: 2 Kochlöffel, Nähgarn, leere große Garnrolle
Geförderte Kompetenzen: Wahrnehmung, motorische Geschicklichkeit

Was chinesische Zirkuskünstler können, versuchen einige Kinder jetzt der Reihe nach: Sie spannen einen Faden zwischen zwei Kochlöffel und jonglieren darauf eine leere große Garnrolle hin und her. Wem gelingen ein paar Kunststücke?

Puppe im Karton

ab 5 Jahren   2–10 Kinder

Material: siehe Spielverlauf
Geförderte Kompetenzen: Bauen, Konstruieren, Fantasie, Gestaltungsfähigkeit, Rollenspiel

Leere Schuhkartons können eine Puppenstube oder Puppenküche beherbergen. Aus alten Schachteln, Stoffresten, Flaschenverschlüssen, beliebigen „Fundsachen" und nicht mehr anders zu verwertenden Materialien stellt jedes Kind seine eigene Schuhkartonpuppenstube her. Aus mehreren übereinander befestigten Kartonpuppenstuben kann auch ein Gemeinschaftshaus für das Spiel im Gruppenraum entstehen.

Blinder Spaziergang

  ab 5 Jahren  6–20 Kinder

Material: siehe Spielverlauf
Geförderte Kompetenzen: Wahrnehmung, Konzentrationsfähigkeit, verbalisieren können

Um Konzentration, Wahrnehmung und das Erleben eines ungewohnten Zustands geht es bei dieser Vertrauensübung. Bis zu 20 Kinder befinden sich im Raum. Sie bilden Paare. Die Paare stehen sich gegenüber und jedes Kind streckt seine Arme schräg nach oben. Die Hände berühren sich an den Fingerspitzen. Ein Kind schließt die Augen, das andere führt den Partner durch den Raum. Nach ein bis zwei Minuten wird gewechselt. Die Kinder berichten, was sie dabei erlebt haben.

Variation: Ein Kind führt ein anderes vorsichtig am Unterarm durch den Raum. Das geführte Kind hat die Augen geschlossen. Das sehende schaut für das andere voraus, kündigt an, wann sich etwas in der Beschaffenheit des Weges ändert, lässt den Spielpartner auf dem Weg Gegenstände ertasten oder riechen.

Tastkartenspiel

  ab 4 Jahren 4–10 Kinder

Material: siehe Spielverlauf
Geförderte Kompetenzen: Wahrnehmung, Merkfähigkeit, Wissenserweiterung

Wir benötigen je Spielgruppe etwa 20 Karten in Postkartengröße, von denen je 2 Karten mit dem gleichen Material beklebt sind (z. B. mit Plastikfolie, Tapete, Wollstoff, Samt, Furnierholz, Alufolie, Filz, dünnem Schaumstoff), sowie Augenbinden.

Die Pädagogin legt die Karten verdeckt auf den Tisch. Jedes Kind hat die Augen verbunden. Der Reihe nach darf jedes zwei Karten umdrehen und betasten. Weisen sie das gleiche Material auf, so darf das Kind sie an sich nehmen; wenn nicht, legt es sie wieder verdeckt zur Mitte.

Das zerbrochene Streichholz

ab 5 Jahren   8-20 Kinder

Material: eine mit 4 Streichhölzern präparierte Stoffserviette
Geförderte Kompetenzen: genaues Beobachten, Aufmerksamkeit, Wahrnehmung, motorische Geschicklichkeit

Vor der Aufführung des Zaubertricks werden in den Saum einer Stoffserviette mehrere Streichhölzer eingeführt. Nun legt der Zauberer vor den Augen der Kinder ein Streichholz in die aufgeschlagene Serviette, faltet dieses zusammen und lässt die Kinder noch einmal fühlen, ob das Streichholz noch vorhanden ist. Jetzt schiebt der Zauberer den Stoff so zusammen, dass er das Streichholz im Saum, über den der Zauberer die Serviette gefaltet hat, zu fassen kriegt, und ein Kind bricht es hörbar durch. Der Zauberer lässt auch noch einige Kinder fühlen, ob das Streichholz wirklich zerbrochen ist. Mit einem Zauberspruch wird die Serviette geöffnet und siehe da, das unbeschädigte Hölzchen fällt heraus.

Der Mond ist rund

Material: Stock
Geförderte Kompetenzen: Wahrnehmung, motorische Geschicklichkeit, Merkfähigkeit

Alle Kinder sitzen im Kreis. Der Spielleiter beginnt, mit dem Stock ein „Mondgesicht" auf den Boden vor seinen Füßen zu malen. Dabei sagt er: „Der Mond ist rund, der Mond ist rund, er hat zwei Augen, Nas und Mund." Das „Malen" des Mondgesichts geschieht mit der rechten Hand. Danach wird der Stock mit der linken Hand an den rechten Nachbarn weitergegeben. Und nun geht es reihum in der gleichen Weise.

Ballongeflüster

Material: 2 aufgeblasene Luftballons, kleine Bildkarten
Geförderte Kompetenzen: Wahrnehmung, Konzentration, genaues Zuhören, deutliches Sprechen, erkennen und verbalisieren können

Die Gruppe sitzt im Stuhlkreis. In der Mitte der Spielfläche stehen mindestens drei Schritte voneinander entfernt zwei Teilnehmer. Jeder hält seine Ohrmuschel an seinen Luftballon. Die Partner der beiden Ballon-Hörer eilen auf ein Startzeichen zur Pädagogin und deren Gehilfen. Sie bekommen dort eine Karte gezeigt, auf der ein Gegenstand abgebildet ist. Dann laufen sie zu ihrem Spielpartner und flüstern, die Lippen dicht am Ballon, den gemerkten Gegenstand gegen die Ballonhülle. Dies geschieht so leise, dass keiner im Raum die Worte hört. Wer von den Spielpartnern die geflüsterten Worte zuerst laut wiederholt hat, ist Sieger.

Münzsuche

Material: Münze
Geförderte Kompetenzen: aufmerksames Beobachten, Konzentration, Reaktion, Spielfreude

Die Kinder sitzen in zwei Gruppen einander gegenüber. Es wird ausgelost, welche Gruppe zuerst die Münze suchen soll. Die andere Gruppe bekommt dann die Münze und lässt sie unauffällig unter dem Tisch von einer Hand zur anderen wandern. Ruft ein Kind aus der suchenden Gruppe „Hände auf den Tisch!", machen die Kinder der anderen Gruppe Fäuste und legen sie auf den Tisch. Jetzt darf ein aus der suchenden Gruppe gewählter Spieler zweimal raten, wo die Münze ist, und auf die Faust zeigen. Hat er richtig geraten, bekommt diese Gruppe einen Pluspunkt. Nach fünfmaligem Raten der suchenden Gruppe wird gewechselt.

Wer hat am Schluss die meisten Punkte?

Minutenlauf

Material: (Stopp-)Uhr, Markierungsmaterial (Kreide, Kreppband, Stuhl)
Geförderte Kompetenzen: Raum- und Zeitgefühl, Wahrnehmung, Wissenserweiterung, motorische Geschicklichkeit

Wie lange dauert eine Minute? Was kann ich in einer Minute alles machen? Zwei Kinder stellen sich an einer Seite des Raumes (Turnraum) auf. Sie sollen genau nach einer Minute die gegenüberliegende Raumseite erreicht haben. Der Spielleiter schaut auf die Uhr. Wer kommt zum richtigen Zeitpunkt zum Ziel?

Wichtig: Während des Spieldurchgangs müssen die beiden Kinder ständig in Bewegung sein. Sie dürfen nicht stehen bleiben! Die Spieler tragen keine Uhr.

Variation: Der Spielleiter fragt:: „Was können wir wohl alles in einer Minute tun?" Die Kinder äußern Vorschläge und einige davon werden durchgespielt.

Starke Papierexperimente

ab 5 Jahren   6–10 Kinder

Material: verschiedene Papierbogen, Wasser, Schüssel
Geförderte Kompetenzen: Experimentierfreude, erkennen und benennen können, Wissenserweiterung

Erstaunliches können die etwas größeren Kinder bei diesen zwei Experimenten mit Papier erleben. Zunächst geht es um die Saugfähigkeit verschiedener Papiere. Die Pädagogin legt z. B. nacheinander gleich große Quadrate aus Kopier- bzw. Schreibmaschinenpapier und aus Löschpapier auf Wasser. Während das mit größeren Poren versehene Löschpapier sich schnell vollsaugt, schwer wird und nach unten sinkt, bleibt das Kopierpapier länger auf der Wasseroberfläche liegen. Beschichtetes Papier bleibt noch länger an der Oberfläche oder geht womöglich gar nicht unter. Jetzt erfahren die Kinder noch von der Pädagogin, dass man mithilfe von Kaffeefilterpapier Flecken entfernen kann. Der frische Fleck wird immer wieder mit Wasser verdünnt und mit dem Filterpapier aufgesaugt. Anhand eines Stückes Stoff und etwas Fruchtsaft wird der „Fleckentferner aus Papier" sogleich ausprobiert.

Für Kinder, die schon bis acht zählen können und sehr kräftige Hände haben, ist dieses kleine Falt-Experiment sehr verblüffend: Faltet die Pädagogin ein DIN-A4-Blatt auf das Format A5 zusammen, dieses dann auf A6 usw., so wird es ihr nicht gelingen, das Blatt achtmal auf diese Weise zusammenzufalten. Selbst wenn sie ein größeres oder dünneres Papier benutzt, lässt es sich nicht öfter als siebenmal auf die Hälfte zusammenfalten. Wetten, dass ...?

Zuckerkristalle

		ab 4 Jahren		2–10 Kinder

Material: Garnrolle, Zucker, Bleistifte, Gläser, Wasser, Topf
Geförderte Kompetenzen: beobachten, erkennen und verbalisieren können, Wissenserweiterung, Experimentierfreude

Für dieses Experiment brauchen die Kinder Geduld. Allerdings lohnt sich das Warten, wenn sie nach etwa einer Woche den Erfolg ihres Vorhabens sehen: Kristalle aus Zucker! Die Pädagogin geht den kleinen Forschern im Kindergartenlabor etwas zur Hand. Pro Kind wird ein dreiviertel Glas Wasser in einem Topf erhitzt und nach und nach eine Tasse Zucker hinzugegeben. Anschließend wird die heiße Lösung wieder in das Glas zurückgegossen. Mithilfe der Pädagogin knüpft jedes Kind fünf bis sechs Fäden an einen Bleistift, der quer über das Glas gelegt wird, und zwar so, dass die Fäden in der Zuckerlösung hängen. Die so gefüllten Gläser kommen an einen sicheren Ort, wo sie ruhig stehen können. Wunderschöne Zuckerkristalle sind die Belohnung für geduldiges Warten. Die Kinder werden jeden Tag nach ihren Gläsern schauen, ggf. mithilfe eines Vergrößerungsglases.

Strom und elektrische Geräte

ab 4 Jahren

2-10 Kinder

Material: siehe Spielverlauf
Geförderte Kompetenzen: Wissenserweiterung, erkennen und verbalisieren können, Experimentierfreude

Im elterlichen Haushalt und im Kindergarten werden die Kinder mit elektrischen Geräten konfrontiert. Der Umgang mit Strom gehört zur täglichen Umwelterfahrung der Kinder. Neben den Annehmlichkeiten, die der Strom mit sich bringt, sind die Kinder aber auch täglich Gefahren ausgesetzt, deren Ursachen in der falschen Handhabung elektrischer Geräte zu finden sind. Die Pädagogin weist im Gespräch auf die Notwendigkeit des Stroms hin, spricht aber auch über die Gefahren. Es sollte deutlich werden, dass Strom kein unbegreifliches Wunder ist, vor dem man Angst haben muss, sondern ein selbstverständlicher Bestandteil des Lebens, mit dem man aber richtig umgehen muss.

Beim Experimentieren wird den Kindern deutlich, dass Strom die unterschiedlichsten Geräte betreiben kann, und sie lernen ihre Handhabung und Funktion kennen. Die Kinder sitzen im Halbkreis um einen Tisch, auf dem die Pädagogin verschiedene elektrische Haushaltsgeräte aufgebaut hat: Lampe, Haarföhn, Bügeleisen, Kaffeemaschine, Kochplatte, Mixer, Tauchsieder, Radio, Wecker, Staubsauger, Mehrfachstecker, Verlängerungsschnur u. Ä.

Die Pädagogin schließt die Geräte an das Stromnetz an, die Kinder setzen der Reihe nach die verschiedenen Geräte in Betrieb und beschreiben, was sich jeweils ereignet. Die Kinder erfahren, dass Strom im Elektrizitätswerk erzeugt wird und in Leitungen (Kabeln) in die Haushalte fließt. Sie erfahren, dass man nur unter Einhaltung bestimmter Verhaltensmaßregeln gefahrlos mit Elektrizität umgehen kann (keine defekten Kabel berühren, nicht mit nassen Händen elektrische Geräte anfassen, nichts – außer Stecker – in die Steckdose stecken und keine elektrischen Geräte in die Badewanne mitnehmen.)

Es kann auch ein Gespräch über Sinn und Unsinn mancher Geräte bzw. ihren falschen Einsatz geführt werden (z. B. Geschirrspüler und Wäschetrockner im Ein-Personen-Haushalt, Eierkocher und elektrische Flaschenöffner in der Kleinfamilie).

Zeitungsspirale

Material: je Kind 1 Zeitungsseite
Geförderte Kompetenzen: Spielfreude, feinmotorische Geschicklichkeit

Jedes Kind bekommt von der Pädagogin je eine gleich große Zeitungsseite. Auf ein Zeichen beginnen alle Kinder, das Papier zu zerreißen, wobei sie am Rand beginnen und immer weiterreißen, kreisrund bis zur Mitte. Nach und nach entsteht so die gewünschte „Spirale". Wer den schmalsten Streifen reißt, erhält auch die längste Spirale.

Streichholzstapler

Material: leere Wein- oder Saftflasche, Streichhölzer
Geförderte Kompetenzen: Konzentrationsfähigkeit, Aufmerksamkeit, feinmotorische Geschicklichkeit, Schnelligkeit

Alle Kinder erhalten die gleiche Anzahl von Streichhölzern. Dann stellen wir in die Mitte des Raumes eine Flasche. Die Kinder legen eines nach dem anderen ein Streichholz auf die Flaschenöffnung. Die Streichhölzer kann jeder so legen, wie er möchte, sie dürfen nur nicht herunterfallen. Wer das Pech hat, dass bei seinem Legemanöver die Streichhölzer herunterfallen, muss alle aufnehmen und zu seinem Vorrat legen. Gewinner ist, wer sich als Erster aller seiner Streichhölzer entledigt hat.

Sichtbare Töne

| | | ab 4 Jahren | | 2–10 Kinder |

Material: Joghurtbecher, Luftballon, Gummiband, Schere, Salz
Geförderte Kompetenzen: genaues Beobachten, Wahrnehmung, Konzentrationsfähigkeit, Wissenserweiterung

Dass man Töne sichtbar machen kann, erleben die Kinder durch dieses interessante Experiment. Die Pädagogin sagt: „Wenn wir sprechen, werden die Sprachlaute durch Luftschwingungen übertragen und gelangen so an unser Ohr, wo sie von der Ohrmuschel aufgefangen und zum Trommelfell im Ohr weitergeleitet werden. Wie das funktioniert, können wir mithilfe eines Joghurtbechers zeigen."

Die Pädagogin schneidet jetzt seitlich in einen Joghurtbecher ein kleines Loch hinein und spannt über die obere Öffnung des Bechers einen zerschnittenen Luftballon, den sie mit einem Gummiring befestigt. Die Kinder können nun in die seitliche Öffnung sprechen und erleben, dass die Gummibespannung wie bei einem Trommelfell in Schwingungen versetzt wird. Töne lassen sich noch anschaulicher demonstrieren, wenn man einige Salzkörner auf die Bespannung legt. Sie beginnen beim Sprechen zu tanzen.

Expedition in die Blätterwelt

ab 3 Jahren   6-10 Kinder

Material: Einkaufstüten, frische Blätter
Geförderte Kompetenzen: Wahrnehmung, unterscheiden, erkennen und benennen können, Wissenserweiterung

Selbst für manchen Erwachsenen sehen alle Blätter gleich aus, obwohl es feine Unterschiede gibt. Die kleinen Beobachter und Entdecker brechen deshalb heute mit der Pädagogin zu einer Expedition in den Garten oder nächstgelegenen Park auf, um in zwei mitgenommene Einkaufstüten verschiedene frische Blätter einzusammeln. Es wird darauf geachtet, möglichst unterschiedliche Exemplare auszuwählen: pelzige, weiche, gelappte, stark geäderte, harte, zackige Blätter usw. Von jeder Art sollten möglichst immer zwei genommen werden, sodass jede Tüte einen identischen Satz enthält. Ist das geschehen, greift ein Kind nach dem anderen zuerst in die eine Tüte und befühlt ein Blatt, um dann in der zweiten Tüte das Gegenstück zu ertasten.

Gemeinsam besprechen Pädagogin und Kinder die vielen Verschiedenheiten (Form und Oberfläche), die sich zwischen den Blättern feststellen lassen. Beim nächsten Spaziergang werden die kleinen Entdecker vielleicht ihren Eltern helfen können, die Umwelt etwas genauer wahrzunehmen.

Naturdetektive

| | ab 4 Jahren | | 2–8 Kinder |

Material: Schnur, Vergrößerungsglas, Schachteln/Dosen
Geförderte Kompetenzen: genaues Beobachten, Wahrnehmung, differenzieren, erkennen und benennen können, Wissenserweiterung

Bei diesem Spiel in der Natur (Kindergartengelände, Wiese, Garten, Strandgelände usw.) suchen sich alle Kinder eine etwa drei Meter lange Bodenstrecke aus.

Je abwechslungsreicher sie aus der Menschenperspektive aussieht, desto spannender wird es später. Zunächst steckt jeder Spieler die von ihm bevorzugte Strecke mit selbst gesammelten Holzpflöcken oder Ästen und der Schnur ab. Falls keine Schnur vorhanden ist, kann das Gelände natürlich auch mit herabgefallenen Ästen oder Blättern markiert werden. Jetzt stellen sich alle vor, dass sie „Naturdetektive" sind und kriechen – mit der Nase fast auf der Erde – den Boden entlang. Unvorstellbar, was es dort alles zu entdecken gibt, wenn man sich Zeit lässt und mithilfe eines Vergrößerungsglases genau hinschaut! Eine kleine Welt tut sich auf, die sich sonst vor unseren Augen verschließt. Wer etwas Besonderes entdeckt hat, zeigt es den anderen „Naturdetektiven". Vielleicht fin-

den sich nicht nur hochinteressante Spuren, sondern auch das eine oder andere merkwürdige winzig kleine Ding, das man in seiner Schachtel oder Dose zur weiteren Betrachtung oder zum Spielen in den Kindergarten bzw. nach Hause mitnimmt.

Geräuschdosenquiz

| | | ab 3 Jahren | | 6–20 Kinder |

Material: siehe Spielverlauf
Geförderte Kompetenzen: konzentriertes Zuhören, Wahrnehmung, unterscheiden, erkennen und benennen können, Spielfreude

Wir benötigen je Gruppe acht Gefäße, Reis, Linsen, Erbsen, Sand, Kaffeebohnen, Perlen, Papier, Schere, Klebstoff, Schreiber.

Die Idee, „Geräuschdosen" zur Konzentrationsförderung im Kindergarten einzusetzen, wurde erstmals von Maria Montessori umgesetzt. Für einen Spielsatz werden acht gleiche Gefäße (z. B. Gläschen von Babynahrung, Joghurtbecher, Milchdosen) benötigt. Zum Bekleben wird Papier verwendet. Als Inhalt eignen sich Erbsen, Linsen, Korkspäne usw. Eine kleine Menge vom gleichen Material wird in je zwei Dosen hineingegeben. Die Dosen werden so beklebt, dass der Inhalt nicht herausfallen kann und von außen nicht zu erkennen ist. Die Kinder sollen durch Schütteln erkennen, in welchen beiden Gefäßen der gleiche Inhalt ist. Gemeinsam werden Geräusche beschrieben, z. B. hell/dunkel, laut/leise, schrill/dumpf usw. Damit sich die Kinder selbst kontrollieren können, markieren wir die Dosen auf der Unterseite.

Spiele mit Naturprodukten

| | | ab 3 Jahren | | 2–20 Kinder |

Material: siehe Spielverlauf
Geförderte Kompetenzen: Wahrnehmung, ordnen und differenzieren können, kreatives Gestalten, Wissenserweiterung

Beim Spaziergang, im Garten oder beim Spiel im Freien lassen sich immer wieder Dinge finden, die auf Kinder große Faszination ausüben: Steine, Äste, Kastanien, Hagebutten, Rindenstücke, Blumen, leere Schneckenhäuschen und Muscheln, Gräser und vieles mehr. Damit wird gern gespielt. Sie lassen sich ordnen, sortieren und/ oder zu Legeketten zusammenstellen. Es können auch Steinfiguren und Gebilde aus Tannenzapfen angefertigt werden. Die gefundenen Naturmaterialien fühlen sich unterschiedlich an, manche sind rau, andere glatt, weich oder hart.

Magnetismus-Spiele

| | | ab 4 Jahren | | 2–10 Kinder |

Material: siehe Spielverlauf
Geförderte Kompetenzen: Wahrnehmung, erkennen und benennen können

Das Thema „Magnetismus" ist ein umfangreiches physikalisches Gebiet. Auch hier besteht die Schwierigkeit, komplizierte Vorgänge kindgerecht vereinfacht darzustellen. Im spielerischen Umgang mit Magneten setzt sich das Kind mit diesen physikalischen Vorgängen auseinander.

Zauberspur

  ab 4 Jahren  2-10 Kinder

Material: siehe Spielverlauf
Geförderte Kompetenzen: Wahrnehmung, genaues Beobachten, erkennen und verbalisieren können

Die Erzieherin schüttet auf ein Blatt Papier Eisenspäne und bewegt unter dem Papierbogen den Magneten hin und her. Die Kinder nehmen die Bewegungen und „Spuren" wahr und beschreiben sie. Die Kinder bewegen dann selbst den Magneten.

Magnetisch oder nicht?

  ab 4 Jahren 2-20 Kinder

Material: siehe Spielverlauf
Geförderte Kompetenzen: Experimentierfreude, erkennen und benennen können, Wissenserweiterung

Die Kinder sitzen am Tisch und erhalten verschiedene Gegenstände: Radiergummi, Steinchen, Stoff, Pappe, Kork, Plastik, Nagel, Schrauben und Nadeln.
Welche Gegenstände werden vom Magneten angezogen?

Magnetangeln

  ab 3 Jahren  2–10 Kinder

Material: siehe Spielverlauf
Geförderte Kompetenzen: feinmotorische Geschicklichkeit, Spielfreude

Wir fertigen kleine Papierfische an (auf Karton gemalte Fische werden ausgeschnitten) und befestigen an ihnen Heft- oder Büroklammern. Die Kinder erhalten eine Schnur mit einem Magneten und „fischen" die „Fische" aus einem Plastikeimer oder Karton.

Variation: Es können auch Nägel und Schrauben aus einem mit Wasser gefüllten Weckglas geangelt werden.

Durch die Ansichtskarte schlüpfen

  ab 5 Jahren  2–10 Kinder

Material: siehe Spielverlauf
Geförderte Kompetenzen: feinmotorische Geschicklichkeit, Konzentrationsfähigkeit, Spielfreude

Ein Kind behauptet, es könne ohne weiteres durch die Ansichtskarte hindurchschlüpfen und zeigt seinem Publikum eine solche Karte von allen Seiten, von rechts, von links und von oben. Vor den ungläubigen Zuschauern faltet es jetzt die Ansichtskarte der Länge nach, nimmt eine Schere und schneidet einmal von der Faltseite, einmal von der offenen Seite ein. Dabei muss es aufpassen, dass es nicht ganz durchschneidet und immer etwa einen Zentimeter vom Rand aufhört. Nun biegt es die Ansichtskarte auseinander und zieht und zieht. Mühelos kann das Kind durch die Karte hindurchschlüpfen.

Es regnet

| | | ab 4 Jahren | | 2–10 Kinder |

Material: Topf, Glasplatte (Spiegel oder Deckel), Kochplatte oder Tauchsieder
Geförderte Kompetenzen: Wahrnehmung, erkennen und benennen können, Wissenserweiterung

Dinge, die für den Erwachsenen selbstverständlich und alltäglich sind, üben auf Kinder oftmals noch eine besondere Faszination aus. Durch spielerische Experimente wird der Wissensdurst der Kinder gestillt. Sie erfahren dabei Zusammenhänge und werden zum Mitdenken und zum Erforschen der Umwelt- und Naturgegebenheiten angeregt.

Die Kinder füllen einen Topf mit Wasser. Mithilfe eines Tauchsiders oder auf dem Herd wird das Wasser zum Kochen gebracht. Während es sich erhitzt, können die Kinder berichten, was sie beobachten:

- Das Wasser dampft.
- Der Dampf ist wärmer als die Luft.
- Er steigt in die Höhe.
- Das Wasser sprudelt.

Die Erzieherin hält eine Glasplatte oder einen Spiegel über das kochende Wasser. Dort kühlt sich der aufsteigende Dampf ab. Dabei bilden sich Wassertropfen, die herunterfallen. (Sollten weder Spiegel noch Glasplatte vorhanden sein, lässt sich dieser Vorgang auch am Topfdeckel demonstrieren.) Im Topf ist jetzt weniger Wasser als vorher, was sich durch eine vorher angebrachte Markierung zeigen lässt.

Erfahrung: Dampf ist wärmer als Luft. Er steigt in die Höhe, kühlt sich ab und wird zu Wassertropfen. Dieser Vorgang spielt sich in der Natur genauso ab.

Nebel

| | ab 4 Jahren | 2–8 Kinder |

Material: weiße Glasflasche, Eiswürfel
Geförderte Kompetenzen: Wahrnehmung, gezieltes Beobachten, erkennen und benennen können, Wissenserweiterung

Eine erwärmte Flasche wird halb mit Wasser gefüllt. Auf die Flaschenöffnung wird ein Eiswürfel gelegt. Durch die Verdunstung steigt warme Luft nach oben und wird dort durch den Eiswürfel abgekühlt. Die Kinder beobachten, wie sich deshalb in der Flasche Nebel bildet.

Erfahrung: Die Kinder erkennen, dass Wasser in unterschiedlichen Erscheinungsformen – hier als Nebel – auftreten kann.

Thementänze

| | ab 3 Jahren | 6–20 Kinder |

Material: Stereoanlage mit CDs
Geförderte Kompetenzen: akustische Wahrnehmung, motorische Geschicklichkeit und Spielfreude

Die Pädagogin sucht CDs mit Tanzmusik aus. Die Kinder stehen frei im Raum, hören die Musik und bewegen sich dazu. In spielerischer Weise entstehen einfache Tanzformen. Gemeinsam mit den Kindern lassen sich tänzerische Themen gestalten, z. B. Maskentanz, Tanz der Tiere, Ballontanz, Gefriertanz, Hexentanz usw.

Museumsspiel

 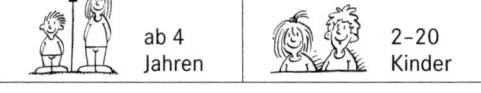

| | ab 4 Jahren | 2–20 Kinder |

Material: Bildkarten
Geförderte Kompetenzen: gezieltes Beobachten, erkennen und benennen können, Wissenserweiterung, motorische Geschicklichkeit

Naturkundliche Museen sind besonders gut geeignet, um auch schon vierjährigen Kindern die heimatliche Tierwelt näher zu bringen. Im Kindergarten wird mithilfe von Bildkarten als Anschauungsmaterial über bekannte und unbekannte Tiere gesprochen.

Beim Museumsbesuch erhält jedes Kind dann ein oder zwei Bildkarten. Ist das auf dem Kärtchen abgebildete Tier im Museum zu finden?

Pingpong-Malerei

| | ab 3 Jahren | 2–10 Kinder |

Material: siehe Spielverlauf
Geförderte Kompetenzen: Fantasie, Experimentierfreude, erkennen und benennen können, motorische Geschicklichkeit

Für jedes Spiel erhält jedes Kind ein Blatt Zeichenpapier im DIN-A2-Format. Nach Möglichkeit wird für das Zeichenpapier ein hochkantiges Tablett als Malunterlage benutzt. Aus einer kräftigen Wasserfarbe wird ein „Farbbad" hergestellt und in kleine Schälchen gegossen.

Die Kinder benetzen einen Tischtennisball rundum mit Farbe. Für etwa 20 bis 30 Sekunden kann jetzt durch verschiedene Bewegungen des Tabletts der Ball seine Malstrecke zurücklegen. Mit entsprechender Übung lassen sich die Bewegungen des Tischtennisballes genau steuern.

Die Freude über das entstandene „Zufallskunstwerk" ist bei Kindern in der Regel groß.

Schattenmalen

Material: Borstenpinsel, Lampe
Geförderte Kompetenzen: Wahrnehmung, erkennen und benennen können, Spielfreude

Eine Tür mit Milchglasfenster oder ein mit Tesafilm befestigtes Stück Transparentpapier auf einer Glastür wird durch eine Lampe angestrahlt.

Die Hälfte der Kinder sind die Zuschauer, die anderen stehen hinter der Milchglasscheibe. Sie bemalen die Scheibe mit einem Borstenpinsel. Die anderen Kinder raten, was gemalt wird.

Magnetkunst

Material: starker Magnetblock, kleine Büroklammern aus Metall
Geförderte Kompetenzen: Fantasie, Kreativität, feinmotorische Geschicklichkeit, Spielfreude

Selbst gebaute Magnetskulpturen können Kinder sehr lange beschäftigen. Zudem erfahren die älteren Kinder in der Gruppe etwas über das Prinzip des Magnetismus. Die Kinder benötigen einen starken Magnetblock und eine Handvoll Büroklammern aus Metall. Indem sie in eine Richtung über den Block gezogen werden, bauen die Klammern ein Magnetfeld auf. Sie können jetzt von den Kindern senkrecht aufeinander gestellt werden, lassen sich waagerecht verbinden und in eine beliebige Zahl von Formen bringen.

Anregungen für Skulpturen: ein Hund, eine Vogelscheuche, Buchstaben, Zahlen, eine Statue. Die Kinder können auch probieren, wie viele Elemente sich miteinander verbinden lassen und ob sie eine Büroklammer mithilfe einer anderen beiseite stoßen können, ohne sie zu berühren.

Farben mit verschiedenem Tempo

| | ab 4 Jahren | | 2–8 Kinder |

Material: bunte Filzstifte, Schüsseln mit Wasser, Löschpapier
Geförderte Kompetenzen: Wissenserweiterung, erkennen und benennen können, Fantasie und Experimentierfreude

Wer schon einmal einen Filzstift auseinandergenommen hat, weiß, dass viel mehr Farbe in ihm steckt, als man eigentlich annimmt. Bei diesem Experiment werden die Kinder staunen. Jedes Kind erhält mehrere verschiedenfarbige Filzstifte, mit denen es ein buntes Motiv seiner Wahl auf ein Löschblatt malt. Ist das Bild fertig, taucht jedes Kind das bemalte Löschblatt in seine Wasserschüssel. Das Wasser saugt sich langsam ins Papier und steigt nach oben auf. Dabei zieht es die verschiedenfarbigen Chemikalien, aus denen die Filzertinte besteht, mit sich, und um die eigentliche Zeichnung herum entsteht ein prächtiges, kunterbuntes Muster in den verschiedensten Farben.

Von der Pädagogin erfahren die Kinder zum Schluss, dass die Chemikalien in der Tinte in unterschiedlichem Tempo nach oben steigen und sich dabei voneinander trennen. Hierbei entsteht ein wunderschöner Farbverlauf.

Blas ein Bild!

ab 3 Jahren   2–8 Kinder

Material: Papier, Wasserfarben, Strohhalme, Plastikdecken, Schürzen
Geförderte Kompetenzen: Experimentierfreude, Fantasie, motorische Geschicklichkeit

Die Kinder sitzen an abgedeckten Tischen. Jedes Kind hat ein Blatt Papier (DIN A2) vor sich. Ein Klecks sehr flüssiger Wasserfarbe oder Tusche wird auf das Papier gebracht. Mit einem Strohhalm soll nun jeder Einzelne die Farbe auf seinem Blatt in Bewegung setzen. Je nach Stellung des Halmes und der Intensität des Pustens bilden sich lange Straßen, Verästelungen und Fantasiegebilde. Die Kinder reden über ihre Bilder und die entstandenen Formen.

Schwimmen lassen und versenken

ab 3 Jahren   2–10 Kinder

Material: Münzen, Holzklammern, Radiergummi, Lineal, Teller usw.
Geförderte Kompetenzen: Wissenserweiterung, erkennen und benennen können, Experimentierfreude

Die Kinder sitzen um den Tisch herum. In der Mitte steht eine mit Wasser gefüllte Schüssel, daneben liegen verschiedene Gegenstände aus Metall, Holz, Plastik, Gummi, Styropor, Porzellan usw. Jedes Kind taucht seinen Gegenstand unter Wasser. Wird er auf dem Boden liegen bleiben oder wieder auftauchen?

Spiegelbild-Porträt

	ab 5 Jahren		ab 2 Kindern

Material: je Kind ein Spiegel, Zeichenpapier (DIN A2), Wachsmalkreiden
Geförderte Kompetenzen: Selbstwahrnehmung, Farbenkenntnis, erkennen, verbalisieren, vergleichen können

Bei diesem Spiel befassen sich die Kinder ausschließlich mit sich selbst. Sie betrachten ihr Gesicht, ihre Körperproportionen und ihre Kleidung. Der Schwerpunkt des Spiels liegt bei der genauen Betrachtung des Gesichts.

Die Kinder sitzen an einem langen Tisch, auf dem für jedes Kind ein Spiegel steht und ein Papierbogen bereitliegt. Die Pädagogin macht die Kinder auf ihre unterschiedliche Haarfarbe aufmerksam, auf die Augen, die Nase und den Mund. Anschließend erhält jedes Kind genügend Wachsmalstifte. Alle malen sich nun unter Zuhilfenahme des Spiegels. Am Schluss schauen sich die Kinder die Bilder gemeinsam an und vergleichen sie miteinander, um so die typischen Merkmale eines jeden herauszufinden.

Abfall-Kunst

Material: siehe Spielverlauf
Geförderte Kompetenzen: Fantasie, Kreativität, Experimentierfreude

Als Unterlagen für Collagen eignen sich auch Holzbretter und Spanplatten, besonders wenn die anzubringenden Gegenstände genagelt oder geheftet werden.

Benötigt werden Plakatkarton, Zeitungen, farbiges Papier, Stoffreste, Abfälle von Frischgemüse, Klebstoff und eine Schere. Jedes Kind nimmt vom vorhandenen Material, so viel es möchte, und „komponiert" daraus auf einem Plakatkarton sein eigenes Werk.

Weitere Materialien: Kleinere Schachteln jeder Art, Draht, Federn, Garnrollen, Röhren, Lederabfälle, Strohhalme, Steinchen, Muscheln, Knöpfe, Kastanien, Kunststoffstücke.

Blindes Tastkim

Material: Ei, Kartoffel, Stein, Ball, Würfelzucker, Watte, Kamm, Bürste, Schwamm
Geförderte Kompetenzen: taktile Wahrnehmung, erkennen, benennen, verbalisieren können

Einem Mitspieler werden die Augen verbunden. Dann legt ihm der Spielleiter der Reihe nach zwei bis fünf Gegenstände auf die ausgestreckte Hand. Der Spieler muss erraten, um welche Gegenstände es sich handelt. Er darf dabei weder die andere Hand zu Hilfe nehmen, noch die Fühlhand bewegen.

Augenkim

 ab 5 Jahren  2–10 Kinder

Material: siehe Spielverlauf
Geförderte Kompetenzen: Wahrnehmung, genaues Beobachten, beschreiben, Farben und Formen benennen können

Auf einem Tablett liegen verschiedene Gegenstände (unterschiedlich nach Größe, Form, Zweck usw.), zunächst mit einem Tuch verdeckt. Auf ein Zeichen hin wird das Tuch entfernt und alle betrachten bei absolutem Schweigen die Dinge. Dann werden sie wieder zugedeckt. Jetzt muss jedes Kind eine möglichst große Anzahl der Gegenstände nennen, die es auf dem Tablett gesehen hat.

Variation: Die Gegenstände müssen genau beschrieben werden. Welche Form, Farbe usw.?

Da fehlt doch was!

  ab 5 Jahren  10–20 Kinder

Material: siehe Spielverlauf
Geförderte Kompetenzen: genaues Beobachten, Aufmerksamkeit, logisches Denken, erkennen und benennen können

Genaues Beobachten steht auch im Mittelpunkt dieses Spiels. Die Pädagogin spielt pantomimisch nacheinander einige Szenen aus dem täglichen Leben vor, z. B. Zähneputzen und Staubsaugen. Bei jeder dargestellten Handlung lässt sie jedoch einen wichtigen Schritt aus. So wird zum Beispiel die Zahnpastatube nicht wieder zugeschraubt und beim Staubsaugen wird „vergessen", den Stecker in die Steckdose zu stecken. Die Kinder geben an, was gefehlt hat, oder spielen gegebenenfalls selbst den fehlenden Handlungsschritt.

Wasser, Schwamm und Farbe

	 ab 5 Jahren	 2–10 Kinder

Material: Schwamm, Tapetenreste (Malpapier), Pinsel
Geförderte Kompetenzen: Experimentierfreude, Farbenkenntnis, motorische Geschicklichkeit, Fantasie, beobachten, verbalisieren können

Jedes Kind erhält einen Tapetenrest, der auf der Rückseite mit einem Schwamm angefeuchtet wird. Mit einem Pinsel wird Tusche aufgetropft. Das Kind beobachtet das „Verlaufen" der Farbe.

Variation: Durch Schräghalten des Blattes entstehen neue Farbbewegungen. Das Blatt kann auch zusammen- und wieder auseinandergefaltet werden.

Mikroskopieren — Kleines ganz groß

	 ab 5 Jahren	 1–6 Kinder

Material: siehe Spielverlauf
Geförderte Kompetenzen: Umgang mit technischen Instrumenten, Wissenserweiterung

Die Erzieherin bringt ein Vergrößerungsglas und ein Mikroskop mit. Sie lässt die Kinder verschiedene Gegenstände (z. B. eine Blume oder ein Insekt) durch das Vergrößerungsglas betrachten. Anschließend erklärt sie, dass man mithilfe des Mikroskops Dinge so vergrößert sehen kann, wie man sie mit dem bloßen Auge und auch mit dem Vergrößerungsglas nicht erkennen würde. Die Kinder schauen der Reihe nach durch das Mikroskop und betrachten verschiedene, von der Erzieherin bereitgelegte Objekte (z. B. Zwiebel, Wassertropfen, Würfelzucker, Watte, Wollfaser, Haar).

Erfahrung: Mit technischen Hilfsmitteln können Dinge vergrößert betrachtet werden.

Nähspiel

Material: Stopfnadeln und feste Fäden (Knöpfe, Stoffreste)
Geförderte Kompetenzen: feinmotorische Geschicklichkeit, Materialerfahrung

Jedes Kind soll seinen Faden in das Nadelöhr einfädeln. Wer zuerst fertig ist, hat gewonnen.

Variation:

- Nach dem Einfädeln soll ein Knopf an ein Stück Stoff genäht werden.
- Ein Flicken soll auf ein Stück Stoff gesetzt werden. Die sauberste Arbeit gewinnt.
- Ein Loch in einem Strumpf oder einem Stück Stoff ist zu stopfen. Auch hier hat das sorgfältigste Arbeitsergebnis gewonnen.
- Für die Jüngsten in der Gruppe kann man statt einer Nadel ein Stück Pappe mit einem Loch und ein Stück Bindfaden verwenden. In den Bindfaden soll ein Knoten gemacht werden.

Das Ansichtskartenspiel

Material: 15–30 Ansichtskarten
Geförderte Kompetenzen: Beobachtungsfähigkeit, Zusammengehöriges erkennen und benennen können

Je nach Teilnehmerzahl werden 15 bis 30 Ansichtskarten diagonal oder in der Mitte durchgeschnitten. Linke und rechte Kartenhälften werden sorgfältig auf zwei Haufen gelegt. Nun verteilt der Spielleiter die linken Hälften überall im Raum (verstecken!), während die Mitspieler draußen warten. Sind alle Kartenhälften versteckt, werden die Mitspieler hereingerufen und bekommen die rechten Kartenhälften. Sie müssen nun die dazugehörenden Kartenhälften suchen. Jeder darf sich eine neue rechte Kartenhälfte holen, wenn er ein Paar vervollständigt hat.

Der schnelle Spüli-Hai

	ab 4 Jahren		2–8 Kinder

Material: festes Papier, Schere, Schale mit Wasser, Spülmittel
Geförderte Kompetenzen: feinmotorische Geschicklichkeit, beobachten, erkennen, benennen können, Wissenserweiterung

Von der Autoindustrie wurde es bisher noch nicht als Antriebsmittel entdeckt: das Spülmittel, das sich anscheinend nur zum Geschirrspülen eignet. Im folgenden Experiment beweisen wir das Gegenteil.

Zunächst schneiden die Kinder aus einem festen Stück Papier (Tonpapier) einen kleinen Fisch wie unseren untenstehenden „Spüli-Hai" aus. Anschließend legen die Kinder ihren Fisch vorsichtig in die mit Wasser gefüllte Schale, bis er ruhig auf der Wasseroberfläche schwimmt. Sobald er ruhig liegt, lässt die Pädagogin oder das Kind selbst einen Tropfen Spülmittel in die große Öffnung in der Mitte des Fisches fallen – und schon beginnt er zu schwimmen.

Die Kinder erfahren von der Pädagogin, dass sich durch das Spülmittel die Wasseroberflächenspannung verringert. Dabei verpasst sie dem Spüli-Hai einen Rückstoß, der dadurch vorwärtsgetrieben wird. Vielleicht haben auch noch einige Kinder Spaß daran zu erfahren, welcher Hai am schnellsten schwimmt.

Kommissar Finger

| | | ab 5 Jahren | | 2–10 Kinder |

Material: siehe Spielverlauf
Geförderte Kompetenzen: genaues Beobachten, erkennen, benennen, differenzieren können, Wissenserweiterung

Ein verblüffendes Spiel, an dem alle kleinen Kommissare ihre Freude haben werden. Vielleicht kommt sogar heraus, wer schon wieder die Finger an der Keksdose hatte.

Wir benötigen Papier, Stempelkissen mit auswaschbarer Farbe, Speisestärke, Pinsel, einige Gefäße (Flaschen, Dosen) und Lupen. Zunächst erklärt die Pädagogin, dass jeder Mensch andere, einmalige Fingerabdrücke hat. Mithilfe eines Stempelkissens mit auswaschbarer Farbe nimmt „Kommissar Finger" (Pädagogin oder ein größeres Kind) jetzt von einem freiwilligen „Verdächtigen" behutsam einen Fingerabdruck ab, indem er den Finger vorsichtig auf dem Farbkissen hin- und herrollt. Jetzt wird der Finger auf ein Blatt Papier gesetzt und auch hier von einer auf die andere Seite gerollt, bis sich ein deutlicher Fingerabdruck ergibt. Zum Schluss werden die Abdrücke mit Namen versehen. Mithilfe einer Lupe können die Kinder ihren eigenen Fingerabdruck einmal genauer betrachten und vielleicht sogar versuchen, Unterschiede bei anderen Abdrücken zu erkennen.

Das ist noch nicht alles, was „Kommissar Finger" zu bieten hat. Jetzt erfahren die Kinder, wie man verschiedene Gegenstände mit Speisestärke und einem kleinen weichen Pinsel bestäubt. Die besten Abdrücke ergeben sich bei glatten und harten Oberflächen. Blasen die Kinder nun die Stärke weg, können sie die Fingerabdrücke dessen sehen, der den Gegenstand berührt hat. Auch hier hilft den Kommissaren wieder die Lupe.

Die Trinkhalm-Wasserwaage

	 ab 4 Jahren	 2–10 Kinder

Material: Knetgummi, Fimo oder Kaugummi, dicke Plastiktrinkhalme, Filzstifte
Geförderte Kompetenzen: Wissenserweiterung, erkennen, verbalisieren, vergleichen können

In Windeseile können wir mit den etwas größeren Kindern eine zuverlässige Wasserwaage herstellen, mit der sie im Gruppenraum oder zu Hause z. B. überprüfen können, ob alle Türen waagerecht eingebaut sind, die Möbel gerade stehen und alle Bilder gerade aufgehängt sind.

Dafür wird das untere Ende eines dicken Trinkhalms mit der Hälfte eines geschmeidig gemachten Knetgummis zugepfropft. Wir drehen den Halm um, füllen ihn mit Wasser beinahe voll und verschließen das andere Ende des Halms mit dem Rest des Knetgummis. (Notfalls kann jeder die Trinkhalmenden auch mit Teilen seines ausgiebig gekauten Kaugummis verstopfen.) Jeder wird nun in seinem Halm eine Luftblase sehen.

Mithilfe der Pädagogin legen die Kinder ihren Trinkhahn auf eine absolut glatte Fläche und markieren mit dem Filzstift Anfang und Ende der Luftblase. Die Kinder erfahren, dass sich Wasser aufgrund der Erdanziehungskraft immer gleichmäßig verteilt. Wenn sie ihre Luftblase also auf der geraden (waagerechten) Fläche eingestellt (justiert) haben, arbeitet sie genauso zuverlässig wie eine im Baumarkt gekaufte Wasserwaage. Und jetzt beginnt das große Überprüfen.

Warm oder kalt?

 ab 5 Jahren    2–10 Kinder

Material: 3 Schüsseln
Geförderte Kompetenzen: Wahrnehmung, Experimentierfreude, erkennen, verbalisieren, vergleichen können

Unsere Sinne sind eigentlich recht gut ausgeprägt. So können wir uns auch auf unser Gefühl verlassen: Wir fühlen Wärme und Kälte. Manchmal kann uns aber unser Gefühl ganz schön in die Irre führen. Die Pädagogin zeigt den Kindern in einem kleinen Experiment, wie man das Temperaturempfinden testen kann. Dafür stellt sie eine Schüssel mit kaltem, eine mit recht warmem Wasser und eine Schüssel mit lauwarmem Wasser auf. Nun legt ein Freiwilliger die linke Hand in das kalte und die rechte Hand in das heiße Wasser. Nach einigen Sekunden taucht er gleichzeitig beide Hände in das lauwarme Wasser. Wenn er nun sagen soll, wie sich das Wasser anfühlt, erlebt er eine Überraschung: Die linke Hand fühlt warm und die rechte Hand spürt kalt.

Das Experiment eignet sich für etwas größere Kinder, die natürlich die Begriffe „links" und „rechts" kennen müssen.

Von Kugelblitzen und Geheimbildern bis zur Ideenfabrik

Ein wirklich „spannungsgeladenes", dennoch völlig harmloses Experiment erleben die Kinder, wenn sie mithilfe einer Kuchenspringform einen sichtbaren Blitz erzeugen. Aufmerksame Beobachter verlangen die Spiele „Bekleidungsdetektive", „Jäger des verlorenen Schatzes" und „Zeichnen nach Gehör". Vielseitige Erfahrungen ermöglicht die „Experimentier- und Geschicklichkeitskette". Was eine Brücke aus Papier so alles tragen kann, vermittelt das Experiment „Schlaue Brückenbauer", in der kindergarteneigenen „Seifenblasendruckerei" entstehen fantasievolle Figuren auf Papier.

Echte Forscher beschäftigen sich natürlich auch mit „Geheimbildern", arbeiten mit „Unterwasserlupen" und fertigen „Sofortbilder ohne Kamera" an. „Die Erbsen-Geister", „Das Trichter-Experiment" und die „Stadt- und Umweltforscher" werden die Kinder ebenso in ihren Bann ziehen wie das Spiel „Ideenfabrik", das den Kindern viel Raum für ihre Vorstellungskraft bietet.

Unendlich weit entfernt

	ab 4 Jahren		2 – 10 Kinder

Material: 2 Spiegel
Geförderte Kompetenzen: Wahrnehmung, erkennen, benennen, verbalisieren können, Wissenserweiterung

Der Begriff unendlicher Weite ist bei einem Blick zum Himmel für Kinder wie Erwachsene gleichermaßen abstrakt. Selbst wenn wir das Blau des Himmels am Tag oder das Schwarz des Himmels in der Nacht als eine Grenze empfinden, gewinnen wir kaum eine Vorstellung von Weite. Mit einem einfachen Experiment können wir im Kindergartenlabor einen Eindruck von der Unendlichkeit vermitteln. Dafür benötigen wir lediglich zwei Spiegel. Den einen Spiegel stellen wir auf einen Tisch vor ein Kind, das den anderen Spiegel so vor sein Gesicht hält, dass es ihn im anderen Spiegel sehen kann. Die Pädagogin hilft beim Ausrichten der Spiegel. Stehen sie genau parallel zueinander, dann blickt das Kind in eine unendliche Reihe von Spiegelbildern.

Kugelblitz im Gruppenraum

		ab 4 Jahren		2–20 Kinder

Material: Bodenblech einer Springform, Glas, Luftballon, Wollschal
Geförderte Kompetenzen: Wahrnehmung, erkennen, verbalisieren können, Experimentierfreude, Wissenserweiterung

Für dieses „spannungsgeladene" Experiment, bei dem die Kinder selbst Blitze erzeugen können, benötigen wir den Boden einer Springform, den wir auf ein trockenes Glas legen. Anschließend wird ein Luftballon aufgeblasen, verknotet und kräftig auf einem Wollpullover oder Wollschal gerieben. Dadurch lädt sich der Ballon elektrostatisch auf. Jetzt legt die Pädagogin oder ein Kind den Ballon auf das Blech. Wenn sich nun (am besten im abgedunkelten Raum) ein Finger dem Rand des Bleches nähert, springt ein kleiner Blitz über, da es zwischen dem Blech und dem Finger zu einem Spannungsausgleich kommt. Das Experiment ist natürlich völlig harmlos und jeder möchte es einmal blitzen sehen.

Bekleidungs-Detektive

		ab 4 Jahren		6–20 Kinder

Material: siehe Spielverlauf
Geförderte Kompetenzen: genaues Beobachten, Merk-, Konzentrations-, Reaktionsfähigkeit, erkennen und benennen können

Ein Kind stellt sich vor die Gruppe. Diese versucht, sich seine Kleidung genau einzuprägen. Jetzt schließen alle die Augen, während an der Bekleidung eine beliebige Einzelheit verändert wird. Wer findet die Veränderung zuerst heraus?

Variation:

- Ein Kleidungsstück entfernen.
- Kleidungsstücke werden ausgetauscht.
- Ein zusätzliches Kleidungsstück wird angezogen.
- Die Kleidung eines aus dem Raum geschickten Spielers wird beschrieben.
- Es wird eine Veränderung an der Frisur vorgenommen.

Weich – hart, schwer – leicht

Material: siehe Spielverlauf
Geförderte Kompetenzen: Wissenserweiterung, Differenzierung, erkennen und benennen können

Unterschiedliche Materialbeschaffenheiten und Eigenschaften können die Kinder jetzt kennenlernen. Weich – hart: Weiche Dinge sind Teddybär, Kissen, Pullover, daran kann man sich nicht verletzen. Harte Dinge sind Tischkante, Fußboden, Holzbaustein, hier kann man sich wehtun. Schwer – leicht: Schwer kann noch mit groß in Verbindung gebracht werden. Daher kann bei äußerlich gleichen Gegenständen ein Gewichtsunterschied kaum herausgefunden werden. Gut geeignet ist eine Einkaufstasche, die zuerst leicht und, nachdem einige Dinge hineingetan worden sind, schwer ist.

Variation: Weiche und harte Dinge werden an der Kleidung der Kinder herausgefunden, z. B. Pullover, Schuhsohle. Auch der Körper hat harte und weiche Stellen, z. B. Ellenbogen und Oberarm.

Jäger des verlorenen Schatzes

| ab 5 Jahren | 6–12 Kinder |

Material: vorbereitete Suchlisten
Geförderte Kompetenzen: genaues Beobachten, Wahrnehmung, Wissenserweiterung, unterscheiden, erkennen, benennen können

Hort- und Schulkinder erhalten eine Liste, Kindergartenkinder bekommen die Dinge mündlich mitgeteilt oder aufgezeichnet, die sie wie einst Pippi Langstrumpf suchen sollen. Für die Kleineren sollte die Liste der zu sammelnden Dinge höchstens fünf Punkte umfassen.

Das könnten sein:
- Etwas Lebendiges,
- Etwas besonders Weiches,
- Etwas besonders Umweltfreundliches,
- Etwas besonders Glitzerndes.

Die Kinder können auch zu zweit oder zu dritt gehen. Gelände bzw. Gebiet wurde vorher abgesprochen. Das hat den Vorteil, dass die Kinder sich absprechen müssen und die Relativität von Einschätzungen kennenlernen.

Experimentier- und Geschicklichkeitskette

| ab 4 Jahren | 6–12 Kinder |

Material: siehe Spielverlauf
Geförderte Kompetenzen: motorische Geschicklichkeit, Konzentration, Reaktionsvermögen, aufmerksame Wahrnehmung, Spielfreude

- Zwei Gefäße, eins mit Wasser gefüllt, das andere leer, werden weitergegeben. Ohne ein Tröpfchen zu verschütten, muss jeder das Wasser umgießen und die Gefäße weitergeben.

- Ein Geldstück gleitet von Finger zu Finger, ohne dass es herunterfällt.
- Einen Stock zwischen die Knie klemmen, damit durch den Gruppenraum gehen und ihn einem beliebigen Mitspieler zwischen die Knie stecken, ohne dass er herunterfällt.
- Ein Turm aus übereinandergestapelten leeren Blechdosen wird weitergereicht, ohne dass er zusammenfällt. Stützen und Halten mit den Händen ist nicht erlaubt.
- Einen Tischtennisball von dem rechten Handrücken auf den linken balancieren und dann an einen anderen Spieler weitergeben.
- Ein Ring geht von Strohhalm (mit den Zähnen gehalten) zu Strohhalm.
- Mit dem Strohhalm wird ein Stück Papier angesaugt und weitergegeben.
- Eine Streichholzschachtel geht von Nase zu Nase.
- Wir geben einen Ball von Löffel zu Löffel weiter.
- Glasperlen werden von Teller zu Teller weitergegeben.
- Mit verbundenen Augen eine Kette auffädeln.

- Eine Zeitungsseite muss mit den Füßen zerrissen werden. Die Fetzen sind mit den Füßen wieder aufzuheben und in einen Papierkorb zu befördern.
- Mit Streichhölzern einen Turm bauen. Jedes Kind baut einen quadratischen Turm.
- Luftballons werden zwischen den Beinen mit den Füßen weitergegeben.
- Ein meterlanger Faden muss über zwei Finger gewickelt werden. Das nächste Kind muss ihn abspulen, indem es ihn auf seine Finger spult.

Zeichnen nach Gehör

Material: je Kind kariertes Papier, Bleistift und ein Blatt Papier zum Abdecken
Geförderte Kompetenzen: akustische Wahrnehmung, Konzentrationsfähigkeit, Reaktionsvermögen, feinmotorische Geschicklichkeit

Bei diesem Spiel sollen die Kinder nach Anweisung zeichnen. Jeder markiert an einer festgelegten Stelle den Ausgangspunkt der Zeichnung. Die Pädagogin gibt Anweisungen, was auf das karierte Papier zu zeichnen ist, z. B.: „Zeichne vom Ausgangspunkt einen Strich zwei Kästchen nach unten, dann zwei Kästchen nach links, dann wieder zwei Kästchen nach unten" usw. Dabei hält jedes Kind ein Abdeckblatt vor, um zu verhindern, dass das Nachbarkind etwas sehen kann. Am Ende wird verglichen, ob alle die Zeichnung richtig ausgeführt haben.

Der Münzentrick

Material: siehe Spielverlauf
Geförderte Kompetenzen: feinmotorische Geschicklichkeit,
Konzentrationsfähigkeit, verbalisieren können, Wissenserweiterung

Aus sechs Würfeln bauen wir einen Turm. Zwischen den dritten und den vierten Würfel legen wir ein Geldstück. Kann man nun das Geldstück aus dem Turm holen, ohne ihn zu berühren – ohne die oberen Würfel abzuwerfen?

Man kann, dazu benötigt man nur einen Kugelschreiber mit einer Doppeldrückvorrichtung. Jetzt halten wir den Kugelschreiber mit seinem Druckknopf vor die Münze und drücken auf den Bügel. Die Druckspitze schießt heraus und katapultiert das Geldstück aus dem Turm, ohne dass die Würfel abfallen.

Spuren im Schnee

Material: keines
Geförderte Kompetenzen: Wahrnehmung, genaues Beobachten, erkennen und benennen können

Auf einer frischen Schneedecke lassen wir uns an einem Abhang mit ausgebreiteten Armen rücklings in den Schnee fallen. Wir treten Spuren in den Schnee und vergleichen später unsere persönlichen Abbilder und Markierungen.

Es entstehen merkwürdige Schneebilder. Was lässt sich noch entdecken?

Tastkreis

ab 4
Jahren

8–12
Kinder

Material: siehe Spielverlauf
Geförderte Kompetenzen: taktile Wahrnehmung, Konzentrationsfähigkeit,
feinmotorische Geschicklichkeit, erkennen und benennen können

Die Kinder sitzen mit geschlossenen Augen im Kreis. Rundum
wandert eine Schnur, an der 6 bis 8 Gegenstände festgebunden
sind. Sie geht von Hand zu Hand. In einer zweiten Runde fehlt ein
Gegenstand. Wer findet heraus, was die Pädagogin von der Schnur
entfernt hat?

Ich sehe was, was du nicht siehst

ab 4
Jahren

2–20
Kinder

Material: keines
Geförderte Kompetenzen: genaues Beobachten, Farben- und Formenkenntnis,
erkennen und benennen können

„Ich sehe was, was du nicht siehst, und das ist blau!" Auf diese
Herausforderung der Pädagogin sehen sich die Kinder im Raum
um und versuchen, diesen Gegenstand herauszufinden.

Schwimmendes Metall

  ab 4 Jahren  2–10 Kinder

Material: siehe Spielverlauf
Geförderte Kompetenzen: erkennen und benennen können,
Wissenserweiterung, Experimentierfreude

Metall ist schwerer als Wasser, das wissen die größeren Kinder.
Wenn wir einen Nagel ins Wasser werfen, geht er unter. Wir legen
eine Büroklammer, eine Münze und Ähnliches auf ein Stück Löschblatt und legen es mithilfe einer Gabel vorsichtig auf die Wasseroberfläche. Das vollgesogene Löschpapier sinkt nach einer Weile
nach unten, die Gegenstände jedoch bleiben auf der Oberfläche.
Woher das kommt? Von der sogenannten Oberflächenspannung.

Seifenblasendruckerei

  ab 4 Jahren  2–10 Kinder

Material: Seifenblasenmixtur, Lebensmittelfarben, Gläser, Backbleche,
Strohhalme, saugfähiges Zeichenpapier
Geförderte Kompetenzen: motorische Geschicklichkeit, Experimentierfreude

Zunächst stellen wir mit den Kindern eine Seifenblasenmixtur aus
8 Esslöffeln Spülmittel, 8 Esslöffeln Wasser und einigen Tropfen
Lebensmittelfarbe her. Die für zwei bis vier Kinder ausreichende
Menge wird in einem Gefäß gemischt und auf mehrere Gläser verteilt. Jeweils ein Glas wird auf ein Backblech gestellt. Ein Kind
nimmt einen Strohhalm und pustet damit kräftig in die Mixtur,
sodass sich Seifenblasen bilden. Gepustet wird so lange, bis sich
die Blasen über das ganze Backblech verteilt haben. Ist dieses gut
bedeckt, wird das Glas beiseite gestellt und für kurze Zeit ein saugfähiges Zeichenpapier auf die Blasen gelegt. Dann wird es wieder
heruntergenommen und getrocknet. Das Ergebnis ist ein Papier-

bogen mit einem sehr ansprechenden Seifenblasen-Muster, der, noch mit Fantasiefiguren bemalt, zu einem kleinen Kunstwerk gestaltet werden kann.

Schlaue Brückenbauer

ab 4 Jahren

2–10 Kinder

Material: 3 Trinkgläser, mehrere DIN-A4-Papierbögen
Geförderte Kompetenzen: feinmotorische Geschicklichkeit, erkennen und benennen können, Wissenserweiterung, Experimentierfreude

Ist es möglich, auf einem normalen Schreibbogen, der wie eine Brücke über zwei Gläsern liegt, ein Glas abzustellen, ohne dass die Brücke zusammenbricht? Die Pädagogin verrät den Kindern in einem kleinen Experiment einen Trick, mit dem sie andere verblüffen können.

Dafür stellt sie zwei Gläser mit etwas Abstand nebeneinander auf den Tisch. Das dritte Glas und der Schreibpapierbogen kommen daneben. Jedes Kind hat jetzt die Möglichkeit, das Papier als Brücke über die beiden Gläser zu legen und das dritte Glas daraufzustellen. Natürlich hält die Brücke das schwere Glas nicht aus und knickt sofort ein. Jetzt kommt der Trick: Die Pädagogin faltet den Papierbogen wie eine Ziehharmonika zusammen, legt die Brücke über die Gläser und stellt das dritte Glas darauf. Alle staunen: Die Papierbrücke hält das schwere Trinkglas völlig problemlos. Wie groß die Tragfähigkeit dieser Brücke ist, können die Kinder jetzt noch weiter austesten, indem sie vorsichtig Wasser in das dritte Trinkglas füllen.

Geheimbilder

| | | ab 4 Jahren | | 2–8 Kinder |

Material: dünne Kerzen, feste Papierbögen, dünnes weißes Papier, schwarze Filzstifte und Wasserfarbe
Geförderte Kompetenzen: erkennen und benennen können, Wissenserweiterung, Experimentierfreude, feinmotorische Geschicklichkeit

Bei dieser Angelegenheit erfahren die Kinder etwas über einen Trick, mit dem sie ihre Freunde verblüffen können. Es geht um „Geheimbilder", die nur Eingeweihte sehen können. Zunächst erhält jedes Kind eine kleine weiße Tannenbaumkerze, der mit einer Bastelschere der Docht abgeschnitten wird. Auf den festen Papierbogen malen die Kinder dann mit ihrem schwarzen Filzstift ein Motiv nach eigenen Wünschen, z. B. ein Tier, ein Haus oder eine Räuberfratze. Über das Blatt mit der Zeichnung legen die Kinder dann das weiße Papier, das so dünn sein muss, dass die Filzstiftzeichnung durchscheint. Nun ziehen die Kinder die Linien ihres Motivs mit der Kerzenspitze nach und drücken kräftig an.

Die Kinder geben jetzt ihr Geheimbild, das auf den ersten Blick wie ein leeres Blatt aussieht, an einen Partner weiter. Wenn der es mit Wasserfarbe überpinselt, erscheint nun wie aus heiterem Himmel die Zeichnung! Echte Geheimagenten werden gleich mehrere verschiedene Geheimbilder vorbereiten.

Sofortbild ohne Kamera

ab 4 Jahren

2–10 Kinder

Material: schwarze Kartonbögen, Kerzen, etwas Mehl, Pinsel
Geförderte Kompetenzen: erkennen und verbalisieren können, motorische Geschicklichkeit, Experimentier- und Spielfreude

„Das gibt es nicht!", werden die Kinder sagen. Natürlich haben sie recht, denn dieser experimentelle Spaß hat eine gewisse Ähnlichkeit mit der bereits beschriebenen „Geheimschrift".

Bevor es richtig losgehen kann, sind ein paar schnell erledigte Vorbereitungen nötig. Mit einer Kerze malen die Kinder ein uriges Gesicht auf ein Stück schwarzen Karton. Fertig! Jetzt erzählen wir den Kindern, dass sie ihre Eltern und Freunde verblüffen können, indem sie behaupten, sie könnten mit einem normalen Stück schwarzen Karton und etwas Mehl auf der Stelle von ihm oder ihr ein Bild machen und entwickeln. „Das schaffst du nicht", wird die Antwort lauten. Jetzt hält der jeweilige „Fotograf" seinem Gegenüber das Stück Karton mit der Bitte, es freundlich anzulächeln, vor die Nase. Wichtig dabei ist natürlich, die unbehandelte Seite hinzuhalten.

Jetzt taucht der „Fotograf" einen Pinsel in das Mehl und bestreicht damit die präparierte Seite des schwarzen Kartons. Einmal darübergepustet, kommt ein ganz schön doofes Gesicht zum Vorschein!

Schnee-Experimente

	ab 3 Jahren		2–20 Kinder

Material: siehe Spielverlauf
Geförderte Kompetenzen: Wahrnehmung, genaues Beobachten, erkennen und benennen können, Wissenserweiterung, Experimentierfreude

Endlich ist er da: der Schnee! Alle Kinder lieben ihn. Neben Schneemannbauen, Schneeballschlachten und Rodelpartien bietet dieses „frostige Element" eine Vielzahl experimenteller Spiegelmöglichkeiten. Selbst das Schlittenfahren vom Rodelberg kann schon mal ganz anders gestaltet werden, z. B. auf Mutters ausrangierter Bratpfanne, auf Opas altem Hut, auf einer großen Plastiktüte oder in einer ausrangierten Babywanne.

Im Kindergartenlabor findet eine ganze Versuchsreihe statt, die Antwort auf Fragen gibt wie:

- Was passiert, wenn wir auf einen Schneeball Salz und auf einen anderen Zucker streuen?
- Wo schmilzt der Schneeball am leichtesten, in einem Eimer mit kaltem oder mit warmem Wasser?

- Wie sehen die Kristalle eines Schneeballes aus? Die Kinder untersuchen mithilfe einer Lupe.
- Wie sauber ist der Schnee? Antwort erhalten die Kinder, wenn sie das Schmelzwasser durch eine Filtertüte gießen.

Mit Schnee lässt sich nicht nur gut bauen; es können auch eindrucksvolle Bilder gestaltet werden. Dafür füllen wir mit den Kindern gefärbtes Wasser (Tusche, Lebensmittelfarben) in Spülmittelflaschen. So lassen sich tolle Muster in den Schnee malen. (Vielleicht kommt auch jemand auf die Idee, einen Schneeball einzufrieren, um ihn jemand im Sommer als „Jahrgangsschneeball" zu schenken.

Herbstkünstler

| | ab 3 Jahren | 2–10 Kinder |

Material: siehe Spielverlauf
Geförderte Kompetenzen: Fantasie, erkennen und verbalisieren können, Wissenserweiterung, Experimentier- und Gestaltungsfreude

Ein echter Klassiker ist dieses experimentelle Spiel, für das die Kinder alte Teesiebe, ausrangierte Zahnbürsten, Wasserfarben, Behälter (Tassen, Teller), weißes Malpapier und schön geformte Herbstblätter benötigen.

Bevor es losgeht, ziehen sich die Kinder ein Malhemd oder eine Schürze über und schon können die kleinen Künstler beginnen. Jedes Kind legt ein Blatt auf sein Papier und fixiert es leicht mit Klebeband. Jetzt wird die Zahnbürste in die wässerige Wasserfarbe getaucht und dann damit über das Sieb geschrubbt, sodass sich die Farbspritzer auf dem Papier verteilen. Spannend wird's, wenn die Kinder das Blatt vorsichtig entfernen und staunen, wie sich der weiße Blattumriss von der Farbe abhebt. Auf einem sehr großen Bogen kann zusätzlich ein Gruppenbild gestaltet werden.

Variation: Man muss nicht warten, bis die Blätter fallen. Wir können auch mit den Kindern ein paar kräftige Blätter pflücken und unter dünnes Schreibpapier legen. Dann rubbelt man mit Wachsmalkreiden darüber und schon erscheinen der Umriss des Blattes, der Stiel und die Adern auf dem Papier.

Käferhotel

ab 3 Jahren   2–20 Kinder

Material: leere Pappschachteln, Fliegengitter oder Tüll, Gummibänder
Geförderte Kompetenzen: erkennen, unterscheiden und benennen können, Wissenserweiterung, genaues Beobachten

Käfer finden sich in der wärmeren Jahreszeit überall. Die „Führung" eines Käferhotels kann den Kindern ein besseres Verständnis für die kleineren Lebewesen in ihrer Umwelt vermitteln. Vielleicht verlieren auch einige dabei ihre Angst vor Insekten.

Je nach Anzahl der mitwirkenden Kinder bauen wir entweder aus einer größeren oder mehreren kleinen Schachteln ein Käferhotel. Mit einem Gummiband befestigen wir ein Stück Fliegengitter oder Tüll über der Öffnung, die sowohl als Fenster wie auch als Tür gilt. Gemeinsam mit den Kindern wird dafür gesorgt, dass genügend Blätter für die Gäste vorhanden sind. Dann geht's mit einem Netz oder Marmeladenglas auf Käferjagd. In der Gruppe wird vereinbart, dass die Gäste immer nur einen oder zwei Tage bleiben und dann wieder freigelassen werden.

Karottengrün-Plantage

|  |  ab 3 Jahren |  2–20 Kinder |

Material: Karottengrün, Untertassen, Wasser
Geförderte Kompetenzen: erkennen und benennen können, Geduld, Wissenserweiterung, Experimentierfreude

Kinder knabbern in der Regel gerne auf Karotten herum. Wenn ihre Mutter einen Salat oder Gemüseeintopf zubereitet, sehen sie, dass die dicken Enden der Karotten mit dem Grün abgeschnitten und weggeworfen werden.

Bei unserem Experiment können die Kinder zusehen, wie Pflanzen wachsen. Dafür schneiden wir mit den Kindern die Endstücke mit dem Grün ab und stellen sie (jeweils drei Endstücke!) in Untertassen mit etwas Wasser. Die Untertassen stellen wir in die Nähe eines Fensters und die Kinder halten den Wasserstand konstant. Am ersten Tag markiert die Pädagogin die Höhe des Grüns. Es wird nicht lange dauern, bis die Kinder ein deutliches Längenwachstum feststellen können und es zu einer beachtlichen Karottengrün-Plantage bringen.

Rot-blauer Sellerie

|  |  ab 3 Jahren |  2–20 Kinder |

Material: Selleriestangen mit Blättern, Gläser, rote und blaue Lebensmittelfarbe
Geförderte Kompetenzen: Differenzieren, erkennen und benennen können, Wissenserweiterung, Geduld, Experimentierfreude

Ein faszinierendes Experiment für Kinder ist das „Selleriewunder", mit dem wir zeigen können, wie Flüssigkeit durch das Adernetz einer Pflanze zieht.

Die Pädagogin hat einige kräftige Selleriestangen mit vielen Blättern mitgebracht. Die Stangen werden von ihr mit zwei „Beinen" versehen, indem sie einen etwa 10 cm langen Schlitz in das Ende schneidet. Dann füllt sie ein kleines Glas mit Wasser und lässt eines der Kinder ein paar Tropfen roter Lebensmittelfarbe hineingeben. Sie füllt in ein zweites Glas Wasser und lässt blaue Lebensmittelfarbe hinzugeben. Nun stellt sie das eine „Bein" in das rote und das andere „Bein" in das blaue Wasser. Die Kinder müssen sich bis zum anderen Tag gedulden. Dann werden sie verblüfft feststellen, dass die eine Hälfte der Blätter mit roten und die andere Hälfte mit blauen Streifen durchzogen ist. Von der Pädagogin erfahren sie, dass die Lebensmittelfarbe in kleinen Röhren hochgewandert ist, die normalerweise dazu dienen, Wasser von den Wurzeln zu den Blättern hinaufzutransportieren, wenn die Pflanze in der Erde steckt. Besonders spannend wird es für die Kinder, wenn die Selleriestange quer durchgeschnitten wird und sich deutlich zeigt, wie die Farbe in die Blätter gelangt ist.

Tastkarton

	ab 4 Jahren		2–12 Kinder

Material: siehe Spielverlauf
Geförderte Kompetenzen: taktile Wahrnehmung, erkennen, benennen und verbalisieren können

In einen bunt bemalten oder beklebten Schuhkarton schneiden wir seitlich ein kinderhandgroßes Loch. Dann werden alle Schätze hineingelegt, die z. B. die Kinder zuvor auf einem Spaziergang gesammelt haben: Steine, Blätter, Äste, Hagebutten ... Deckel drauf, Hand hineingesteckt, und nun versucht ein Kind nach dem anderen herauszufühlen, was es wohl gerade in der Hand hat. Es kann auch beschreiben, wie sich der Gegenstand anfühlt, und die anderen müssen raten.

Geräuschdosen

| | ab 4 Jahren | 2–20 Kinder |

Material: siehe Spielverlauf
Geförderte Kompetenzen: akustische Wahrnehmung, Konzentrationsfähigkeit, differenzieren, erkennen und benennen können, Spielfreude

Die Pädagogin hat in undurchsichtige, verschließbare Dosen – z. B. Kaffeedosen oder für kleine Gegenstände Filmdöschen – Bucheckern, Reis, Erbsen, Kastanien, Hagebutten gefüllt. Alle müssen jetzt die Ohren spitzen. Nur durch Schütteln soll erraten werden, was in der Dose die Geräusche verursacht. Für die größeren Kinder können wir eine Schwierigkeit einbauen: Von fünf Dosen haben zwei den gleichen Inhalt – und die gilt es, herauszuhören

Märchenwald im Karton

| | ab 4 Jahren | 2–12 Kinder |

Material: siehe Spielverlauf
Geförderte Kompetenzen: feinmotorische Geschicklichkeit, Fantasie, Kreativität, Gestaltungsfreude

Die Pädagogin hat mehrere Schuhkartons mitgebracht. Gemeinsam mit den Kindern werden diese mit Plastikfolie ausgelegt. Dann setzen die Kinder alles hinein, was z. B. eine Herbstlandschaft bietet: Erde, Moos, Blätter, kleine Zweige als Bäume, Steinchen als Riesengebirge und anderes mehr, bis der kleine Märchenwald fertig ist. Der Märchenwald kann auch noch mit allerlei Wesen aus Eicheln, Streichhölzern und Tannenzapfen bevölkert werden und vielleicht fällt jetzt noch jemandem eine tolle Geschichte ein, die in unserem Märchenwald-Karton stattfindet.

Luft trägt Wasser

Material: 1 Glas Wasser, Postkarte, ggf. Schüssel
Geförderte Kompetenzen: erkennen, verbalisieren können, Wissenserweiterung, Experimentierfreude

Dass Luft tragen kann, lässt sich mit einem kleinen Experiment verdeutlichen, das fast schon wie ein Zauberkunststück wirkt. Vor den Augen der Kinder füllt die Pädagogin ein Glas randvoll mit Wasser und legt eine Postkarte so darauf, dass diese gut mit dem Rand abschließt. Die Postkarte hält sie mit der flachen Hand fest ans Glas, während sie das Glas vorsichtig umdreht. Dann lässt sie die Postkarte los. Die Kinder staunen: Es läuft kein Wasser aus, weil die Luft nach allen Seiten drückt, also auch nach oben. Die Karte wird dicht an das Glas gepresst. Wer will es einmal versuchen? Vorsichtshalber vielleicht erst einmal über einer größeren Schüssel?!

Wir holen uns den Regenbogen

Material: weißes und schwarzes Tonpapier, Schere, Wasserglas mit geraden Wänden, Wasser
Geförderte Kompetenzen: Farben erkennen und benennen können, Wissenserweiterung

Regenbogen üben auf Kinder wie Erwachsene eine besondere Faszination aus. Wir wollen versuchen, die Regenbogenfarben mithilfe eines gefüllten Wasserglases ins Haus zu zaubern.

Das Sonnenlicht ist weiß. Wenn es durch Wasser gebrochen wird, kann es zu einem prächtigen Farbenspektrum aufgefächert werden. Für unsere Aktion benötigen wir ein mit Wasser gefülltes

Glas mit geraden Wänden. Es wird auf ein weißes Blatt Papier auf die Fensterbank gestellt. Die Pädagogin stellt ein vorbereitetes schwarzes Stück Pappe mit einem 1 cm breiten, hohen Schlitz aufrecht zwischen Fenster und Wasserglas. Das Sonnenlicht fällt so von hinten durch den Schlitz und durch das Wasser auf das weiße Blatt. Jetzt erscheinen alle Farben des Regenbogens. Welches Kind kann alle Farben erkennen und benennen?

Kraftmeier Luft

Material: Plastiktüten, schwere Gegenstände
Geförderte Kompetenzen: Wahrnehmung, erkennen und benennen können, Wissenserweiterung, motorische Geschicklichkeit

Es gibt wohl nichts, was leichter ist als Luft. Dass Luft große Gewichte heben kann, ist fast unglaublich. Jetzt werden die Kinder Zeugen eines Experiments, mit dem sie auch ihre Freunde überraschen können. Die Pädagogin breitet auf dem Tisch eine (heile) Plastiktüte aus, auf die sie einen beliebigen schweren Gegenstand, z. B. ein dickes Buch, legt. Jetzt rollt sie die Öffnung der Plastiktüte zu einem kleinen Loch zusammen und bläst kräftig in die Tüte. Alle können sehen, wie das dicke Buch nach oben gehoben wird. Auch die Kinder probieren es aus.

Da für dieses Experiment eine Plastiktüte erforderlich ist, weist die Pädagogin darauf hin, niemals Plastiktüten über den Kopf zu stülpen.

Farbenspiele im Glas

	ab 4 Jahren	 2–10 Kinder

Material: Marmeladengläser, Wasser, Speiseöl, Lebensmittelfarbe, evt.
Taschenlampe
Geförderte Kompetenzen: Farben erkennen und benennen können,
Wissenserweiterung, Fantasie, Experimentierfreude

Farbenspiele ziehen Kinder immer wieder in ihren Bann. Für unser
Vorhaben benötigen wir zunächst ein gut verschließbares Marmeladenglas, in das wir zu gleichen Teilen Öl und Wasser füllen und
zunächst einige Tropfen einer Lebensmittelfarbe hinzugeben. Die
Kinder schütteln das Glas und beobachten, was passiert, wenn sich
Öl und Wasser wieder trennen und die Tröpfchen durcheinander-
wirbeln und tanzen. Jetzt gibt die Pädagogin oder ein Kind eine
zweite Farbe hinzu und alle können nun beobachten, wie sich die
beiden Farben vermischen und dabei die Gebilde im Glas verändert
werden (rot + gelb = orange, blau + gelb = grün, rot + blau = lila).
Die Kinder können mit verschieden eingefärbten Gläsern experimentieren. Mithilfe einer Taschenlampe lassen sich weitere interessante Licht- und Farbeffekte herstellen. Die Spiele mit Farbe,
Wasser und Licht regen auch die Fantasie der Kinder an.

Hausdurchsuchung

	 ab 4 Jahren	 2–10 Kinder

Material: Papier und Malstifte
Geförderte Kompetenzen: Wahrnehmung, Größendifferenzierung, erkennen
und benennen können, Wissenserweiterung

Um die Beobachtungsgabe der Kinder etwas zu steuern, fordert die
Pädagogin zu einer Durchsuchung des Gruppenraumes oder Kin-
dergartengebäudes auf. Es soll Ausschau nach den kleinsten und

größten Gegenständen in verschiedenen Kategorien gehalten werden. Die Kinder dürfen behutsam die Räumlichkeiten durchstöbern und z. B. über den Standort des kleinsten und größten vorhandenen Buches berichten. Das Gleiche lässt sich mit allen erdenklichen Gegenständen (wie Topfpflanzen, Lampen, Spielzeugen, Geschirren) spielen. Die Kinder können auch in kleine Spezialisten-Gruppen eingeteilt werden, und zwar in Experten für die Suche nach kleinen und nach großen Sachen.

Die verschiedenen Ergebnisse lassen sich zum Schluss in einer kleinen gemeinsamen Malaktion zu einem „Groß-und-klein-Bilderbuch" zusammenfassen.

Kompost-Tester

| | | ab 4 Jahren | | 2–10 Kinder |

Material: pro Kind 1 Blumentopf, Papier, Pappe, Plastikfolie, Styropor
Geförderte Kompetenzen: Beobachtung, motorische Geschicklichkeit, Geduld, Problembewusstsein entwickeln, Wissenserweiterung

Bei diesem kleinen Experiment bietet sich die Möglichkeit, Kindern zu zeigen, welche Materialien verrotten und welche nicht. Gleichzeitig kann darüber gesprochen werden, dass man nicht alles bedenkenlos in den Müll werfen sollte. Die Pädagogin hält etwa 10 x 10 cm große Stücke von Papier, Pappe, Plastikfolie und Styropor bereit, die sie von den Kindern in einem Beet auf dem Kindergartengelände „einpflanzen" lässt, und zwar so, dass sie zur Hälfte in der Erde stecken. Die Erde wird nicht festgedrückt. In den nächsten Tagen schauen die Kinder nach ihrem „Versuchsgelände". Je nach Niederschlägen und Temperatur werden die Mikroben in der Erde die Papierprodukte zersetzen, während die Plastikfolie und das Styropor unberührt bleiben. Solange die Kinder noch an dieses kleine Experiment denken, können sie in den nächsten Wochen immer wieder einmal nachschauen und zur Erkenntnis gelangen, dass manche Dinge (z. B. Plastiktüten) so oft wie möglich wieder-

verwendet werden sollten. Diese Botschaft können sie dann als Empfehlung an ihre Eltern weitergeben.

Stricknadel durch die Seifenblase

	ab 3 Jahren	2–20 Kinder

Material: siehe Spielverlauf
Geförderte Kompetenzen: motorische Geschicklichkeit, verbalisieren können, Wissenserweiterung, Experimentierfreude

Zusammen mit den Kindern lösen wir Kernseifenspäne auf, geben etwas Glyzerin hinzu und etwas braunen Zucker. Auch das ist ein tolles Seifenlaugen-Rezept. Und jetzt beginnen die Kunststücke: Große Seifenblasen können mit zwei Zeitungsröhrchen geformt werden, die man ganz einfach zusammendrückt und dann wieder auseinanderzieht. Wenn man jetzt durch eine Blase eine angefeuchtete Stricknadel sticht, sind die Kinder verblüfft, denn sie bleibt heil.

Flaschophon-Musik

ab 4 Jahren | 2–20 Kinder

Material: siehe Spielverlauf
Geförderte Kompetenzen: akustische Wahrnehmung, erkennen und benennen können, Wissenserweiterung, Experimentier- und Spielfreude

Zusammen mit den Kindern füllen wir sechs bis acht verschiedene Flaschen unterschiedlich hoch mit Wasser und hängen sie an einer Holzstange über einer Rasenfläche auf. Jetzt kann sofort auf dem Flaschophon gespielt werden. Auch lassen sich die Flaschen noch etwas genauer stimmen. Die Kinder können auch Gläser zum Klingen bringen, indem sie mit der nassen Fingerkuppe über den Rand fahren. Der Ton dieser „Glasharfe" wird durch die Wassermenge in den einzelnen Gläsern bestimmt. Der Start gelingt besser, wenn die Fingerkuppe mit etwas Zitronensaft eingerieben wird.

Wassermusik

ab 3 Jahren | 2–20 Kinder

Material: siehe Spielverlauf
Geförderte Kompetenzen: Wissenserweiterung, Experimentier- und Spielfreude, Rhythmusgefühl

Diese „Wassermusik" ist nicht von Händel, bereitet aber Kindern sehr viel Freude. Bei schönem Wetter stellt die Pädagogin im Freien verschiedene Wasserbehälter zur Verfügung (Eimer, Becher, Plastikschläuche, Gießkannen, Pfeifen, Schwingbesen), die mit Wasser gefüllt werden können. Das Ganze ergibt ein experimentelles, variationsreiches, vor allem aber feuchtfröhliches Wasserkonzert.

Bodypainting

| | | ab 5 Jahren | | 2–10 Kinder |

Material: siehe Spielverlauf
Geförderte Kompetenzen: (Körper-)Wahrnehmung, Ideen umsetzen können,
Experimentier- und Spielfreude

Nicht alle Kinder mögen es. Einige dafür umso mehr: sich einmal
so richtig zu bemalen. Und das geht natürlich besonders gut an
einem warmen Sommertag. Die Pädagogin hat Pulverfarben und
Tapetenkleister besorgt, die zu leicht abduschbaren, umweltver-
träglichen Farben angerührt werden. Zunächst finden erste Mal-
versuche auf einer Tapetenbahn statt und wenn die Kinder möchten und sie die Scheu vor der Kleisterfarbe verloren haben, können
sie sich nach Lust und Laune bemalen. Wer genug vom „Bodypain-
ting" hat, kann sich mittels Wasserstrahl aus dem Gartenschlauch
von seiner Farbenpracht befreien lassen. Es empfiehlt sich, die Eltern vor der Spielaktion nach ihrem Einverständnis zu fragen.

Fischdosen-Feuerschiff

| | | ab 5 Jahren | | 2–8 Kinder |

Material: leere Fischdosen, Teelichte, Dosenöffner
Geförderte Kompetenzen: motorische Geschicklichkeit, Spiel- und
Experimentierfreude

Bevor es zu einer beeindruckenden Fahrt mehrerer „Feuerschiffe"
kommt, baut jedes Kind aus einer leeren Fischdose ein Leucht-
schiff. Mit dem Dosenöffner (hier hilft am besten die Pädagogin)
wird ein kleines Loch in die Dosenumrandung gebohrt (am Heck
des Schiffes). Anschließend zieht man einen etwa zwei bis drei
Meter langen Bindfaden durch das Loch, verknotet den Faden, setzt
ein Teelicht in die Dose und probiert in einer Schüssel oder größe-

ren Plastikwanne aus, ob das Schiff samt Teelicht schwimmt. Bewähren sich alle Schiffe bei ihrer „Jungfernfahrt", können alle kleinen Kapitäne ihre Schiffe samt brennenden Teelichten in der Dämmerung auf einem kleinen Teich oder auf einem Bach schwimmen lassen. Jeder hält sein Schiff an dem langen Bindfaden fest, damit es nicht davongleiten kann. Die Feuerschiff-Aktion lässt sich am besten im Rahmen einer Schlafparty oder während eines Lampionfestes auf dem Kindergartengelände oder im nahe gelegenen Park mit Unterstützung der Eltern durchführen.

Scheinwerferjagd

Material: Taschenlampen
Geförderte Kompetenzen: Wahrnehmung, Beobachtung, erkennen können, Spielfreude

Taschenlampen können zum hervorragenden Spielzeug werden. Viele Erwachsene können sich auch noch an die Zeit erinnern, als sie mit der Taschenlampe unter der Bettdecke heimlich in ihren Lieblingsbüchern schmökerten.

An der Scheinwerferjagd können sich immer zwei bis drei Kinder beteiligen. Mit der Taschenlampe in der Hand läuft ein Spieler ins Dunkle (natürlich auf einem bekannten, eingegrenzten Gelände). Der oder die beiden anderen Mitspieler nehmen die Verfolgung auf. Man kann es auch anders spielen: Nicht die Spieler laufen voreinander weg, sondern nur die Lichter ihrer Taschenlampen. Ein Licht verfolgt das andere quer über den Himmel. Oder: Die Kinder spielen mit ihren Taschenlampen „Glühwürmchen", machen Schattenspiele und leuchten sich als „Geistergesichter" selbst an. Alle Varianten eignen sich gut für eine Schlaf- oder Pyjama-Party im Kindergarten.

Auf die Haut legen

 |  ab 4 Jahren |  2–10 Kinder

Material: Watte, Creme, Löffel, Sandpapier, Taschentuch, Legostein, Schwamm, Kartoffel
Geförderte Kompetenzen: taktile Wahrnehmung, unterscheiden, erkennen, benennen und verbalisieren können

Ein Spiel zur taktilen Wahrnehmung. Jeweils ein Kind schließt die Augen. Auf seine nackten Arme und Beine werden verschiedene Gegenstände (siehe oben) gelegt. Es beschreibt, wie es diese Gegenstände auf seiner Haut wahrnimmt (weich, rau, kalt, warm), und versucht herauszubekommen, um welche es sich handelt. Wenn es zu schwierig wird, dürfen die Hände zu Hilfe genommen werden.

Rasend schmelzender Eiswürfel

 | ab 3 Jahren |  6–20 Kinder

Material: Eiswürfel
Geförderte Kompetenzen: Wahrnehmung, Schnelligkeit, Reaktionsvermögen, Spielfreude

Eine schöne, eiskalte Erfahrung, die sich im Sommer und im Winter machen lässt. Die Pädagogin hat einen Eiswürfel in den Spielkreis gegeben, der nun blitzschnell von Hand zu Hand weitergereicht wird. Jedes Kind passt auf, dass das letzte Stückchen Eis nicht ausgerechnet in seiner Hand schmilzt.

Unterwasserlupen-Forscher

 ab 6 Jahren  2–6 Kinder

Material: leere Konservendosen, Klarsichtfolie, Klebeband
Geförderte Kompetenzen: Wahrnehmung, genaues Beobachten, erkennen und benennen können, Wissenserweiterung

Eine große Lupe sollte bei einem Entdeckerspaziergang durch Wald und Feld eigentlich nicht fehlen. Die Kinder werden staunen, was sie zu sehen bekommen, wenn sie ein Stück Waldboden durch ein Vergrößerungsglas betrachten.

Noch interessanter ist es, an einem Waldweiher die Welt unter Wasser zu beobachten. Dazu basteln wir gemeinsam eine oder mehrere Unterwasserlupen: Von einer großen Konservendose entfernt man Deckel und Boden (scharfe Kanten werden eventuell flach geschlagen), dann bespannen wir eine Öffnung mit einer Klarsichtfolie wasserdicht ab. Beim Eintauchen wölbt sich die Folie durch den Wasserdruck leicht nach innen, das ergibt den Vergrößerungseffekt. Jetzt beginnt die Beobachtungs- und Forschungsarbeit.

Erbsen-Geister

  ab 4 Jahren  2–10 Kinder

Material: Erbsen, Wasser, Weinglas, Backblech
Geförderte Kompetenzen: erkennen und verbalisieren können, Wissenserweiterung, Experimentierfreude

Gemeinsam mit den Kindern füllen wir ein Weinglas mit getrockneten Erbsen und gießen es dann anschließend randvoll mit Wasser. Dann stellen wir es auf ein Kuchenblech, Tablett o. Ä. Der Erbsenberg beginnt zu wachsen. Es folgt ein stundenlanges, gespenstisches Geklapper, weil die Erbsen auf das Blech fallen. Fragen die

Kinder, warum die Erbsen nicht mehr in das Glas passen, erfahren sie von der Pädagogin, dass die Erbsen das Wasser aufsaugen und dadurch aufquellen. Der Berg wird immer höher, wie jeder sehen kann, und die überlaufenden Erbsen fallen herab.

Riesenmonstergroße Seifenblasen

| | | ab 4 Jahren | | 2–12 Kinder |

Material: siehe Spielverlauf
Geförderte Kompetenzen: motorische Geschicklichkeit, Wissenserweiterung, Experimentier- und Spielfreude

Ganze Generationen von Kindern haben schon mit Seifenblasen gespielt. Hier nun zwei Geheimrezepte für riesenmonstergroße Seifenblasen:

Seifenblasenrezept 1
- 12 Gläser Wasser
- 4 Gläser Glyzerin aus der Apotheke
- 4 Gläser Geschirrspülmittel

Sobald alles in einem großen Eimer vermischt ist, kann's losgehen. Wenn es nicht gleich funktioniert und die Blasen zu früh zerspringen, sollte man noch etwas Glyzerin hinzugeben.

Seifenblasenrezept 2
- 6 Tassen Wasser
- 2 Tassen Spülmittel
- Eine Tasse (Mais-)Sirup

Alles vermischen. Durch den Sirup werden die Blasen etwas „stabiler".

Pustestäbe kann man aus Pfeifenputzern und aus Drahtbügeln zurechtbiegen. Für besonders große Seifenblasen biegen wir den Kindern aus je einem Metallkleiderbügel eine große Drahtschlinge, wobei ein Teil des Bügels als Griff stehen bleibt. Mit einem „Pustestab" von etwa 15 cm Durchmesser lassen sich Seifenblasen von der Größe einer Wassermelone zaubern. Eltern, die mit ihren Kindern zu Hause die gleiche Seifenblasenrezeptur wie im Kindergartenlabor zubereiten möchten, sei gesagt, dass die Seifenblasenmischung nicht mit Teppichböden und Parkett in Berührung kommen sollte. Also ein echtes Spiel für draußen.

Eines der beliebtesten Spiele ist das **Seifenblasenfangen**, bei dem ein bis zwei fleißige „Blasenmacher" für steten Nachschub sorgen müssen. Beim **Wettpusten** geht es um die Frage, wessen Seifenblasen am längsten in der Luft bleiben. Besonders originell sind experimentelle **Seifenblasenbilder**. Dafür geben wir etwas Lebensmittelfarbe zur Seifenflüssigkeit hinzu. Dann lassen die Kinder die Blasen auf einem großen Papierbogen oder auf Tapete zerplatzen und es entstehen echte **Blasenkunstwerke**.

Da Lebensmittelfarbe ziemlich waschecht ist, sollten die Kinder vorsichtshalber alte Kleidung, ein ausrangiertes Oberhemd oder eine Schürze überziehen.

Das Trichter-Experiment

 ab 5
Jahren    6–20
Kinder

Material: Küchentrichter, Tischtennisball
Geförderte Kompetenzen: motorische Geschicklichkeit, erkennen und
benennen können, Wissenserweiterung, Experimentierfreude

Die Pädagogin: „Wetten, dass es keiner von euch schafft, einen federleichten Tischtennisball aus einem Trichter herauszublasen!"
Sofort meldet sich Felix, um diese Aufgabe mit Leichtigkeit zu bewältigen. Er legt den Tischtennisball in den Trichter hinein. Dann hält er den Trichter mit der Öffnung schräg oben zum Mund und bläst mit voller Kraft in die Tülle. Aber so stark er auch bläst, der Tischtennisball bleibt im Trichter und lässt sich nicht herausblasen. Nun probieren es auch Sarah, Christian und Sabine. Doch auch ihnen gelingt es nicht.

Schließlich verrät die Pädagogin das Geheimnis: Der Luftstrom erzeugt keinen Druck auf den Tischtennisball, sondern fließt an der Trichterwand um ihn herum. Und deshalb bleibt der Ball im Trichter gefangen. Ein schöner Versuch, mit dem die Kinder einmal ihren starken Vater hereinlegen können.

Besuch vom Mars

 ab 6
Jahren    6–20
Kinder

Material: siehe Spielverlauf
Geförderte Kompetenzen: Wahrnehmung, genaues Beobachten, erkennen
und verbalisieren können, Wissenserweiterung, Fantasie

Wie würden wohl außerirdische Wesen Kontakt zu uns Erdbewohnern aufnehmen, wenn sie mit ihrem UFO bei uns landeten? Sicher würde es sprachliche Verständigungsschwierigkeiten geben. Auch die zahllosen Schilder, Zeichen und Symbole würden ihnen fremd sein.

Alle Kinder sind jetzt kleine „Marsmenschen", die nach ihrer Landung auf Mutter Erde die Gewohnheiten der Menschen erforschen und dokumentieren. Da muss z. B. gelöst werden, welch merkwürdige Schilder in den Straßen herumstehen und irgendeine Bedeutung haben. Es werden Dinge gesammelt, die es auf dem Mars nicht gibt (Verpackungsmüll, Ansichtskarten, Stoffreste, ausgediente Küchengeräte). Aus ihnen lassen sich Collagen und Objekte herstellen, die als Souvenirs von den Marsleuten in ihrem UFO mitgenommen werden.

Detektiv- und Indianerspiele

Material: siehe Spielverlauf
Geförderte Kompetenzen: Wahrnehmung, genaues Beobachten, Aufmerksamkeit, Konzentration, Spielfreude

Auch diese beiden Spielformen sind etwas Spannendes für kleine Beobachtungsprofis. Ein Fall muss gelöst werden. Ein Kind oder ein Gegenstand (Bild) ist z. B. verschwunden und muss gefunden werden. Auch hier müssen sich die Detektive und Indianer orientieren, beobachten, Beweise „sammeln", sich informieren, bis die Aufgaben erfolgreich gelöst sind.

Das Sonnenuhrspiel

Material: Stock, Murmeln
Geförderte Kompetenzen: erkennen und verbalisieren können,
Wissenserweiterung, Experimentier- und Spielfreude

An einem sonnigen Tag stecken wir mit den größeren Kindern einen Stock ins Gras. Wir sehen, wie er einen Schatten wirft, und raten, wo der Schatten in genau drei Stunden sein wird. Jedes Kind legt dort, wo es den Schatten erwartet, eine bestimmte Murmel hin. Drei Stunden später vergleichen wir. Wer am genauesten geschätzt hat, bekommt die Murmeln.

Urwaldtrommel-Experimente

Material: siehe Spielverlauf
Geförderte Kompetenzen: Wahrnehmung, motorische Geschicklichkeit,
Rhythmusgefühl, Spielfreude

Verschiedene Behälter, z.B. Plastikschüsseln, Keksdosen, Farbeimer und Waschmittelkartons, geben tolle Trommeln ab.

Besonders schön und wohlklingend klingen sie, wenn sie mit Pergamentpapier bespannt werden, das vorher in Wasser eingeweicht wurde. Die Urwald-Trommel-Band kann jetzt Musikstücke begleiten oder eigene Rhythmen ausprobieren.

Fußerlebnisse

Material: siehe Spielverlauf
Geförderte Kompetenzen: Wahrnehmung, motorische Geschicklichkeit, erkennen und benennen können, Wissenserweiterung

Wir bauen im Freien mit den Kindern einen Barfußparcours auf. Eine Strecke wird mit unterschiedlichen Materialien (Sand, Kies, Steine, Matsch, Steinplatten, Grassoden, Wasserzonen, Folie mit Schaum, Fell, Gartenmatte, Kork, Holz) ausgestattet. Die Kinder gehen vorsichtig den Parcours ab, lassen ihre Füße sinnliche Erfahrungen machen und genießen.

Die Utensilien werden in Obstkisten gelegt (wenn es sich zum Beispiel um Federn, Schaumstoffflocken, dicke Holzperlen, mit Wasser gefüllte kleine Luftballons, Gummiringe, Knöpfe, Zweige oder Schmirgelpapier handelt). Die Kinder gehen dann Hand in Hand mit einem anderen Kind von Kiste zu Kiste.

Der Parcours lässt sich auch mit geschlossenen oder verbundenen Augen durchführen.

Schatzsuche

Material: siehe Spielverlauf
Geförderte Kompetenzen: Wahrnehmung, beobachten, erkennen können, motorische Geschicklichkeit, Spielfreude

Bei den folgenden spannenden Spielen geht es stets darum, etwas zu beobachten, zu suchen oder zu erforschen. Um das Ganze für die Kinder besonders erlebnisreich zu gestalten, bieten sich verschiedene Themenstellungen an wie Schatzsuche, Stadt- und Umweltforscher, Besuch vom Mars oder Detektiv- und Indianerspiele.

Die Pädagogin hat einen Schatz (eine kleine Kiste oder Dose mit Überraschungen) versteckt, den es auf dem Kindergartengelände oder besser noch an einem Strand oder im Parkgelände zu suchen gilt. Bei dieser Suchaufgabe können eine Karte mit Symbolen und/oder Aufgaben, die unterwegs zu lösen sind, zum Schatz führen. Der Schatz könnte aus kleinen Leckereien für die Kinder bestehen.

Stadt- und Umweltforscher

ab 5 Jahren

6–10 Kinder

Material: Digitalkamera
Geförderte Kompetenzen: Wahrnehmung, Beobachtung, Orientierung, Problembewusstsein entwickeln, Handhabung des Fotoapparates

Die Kinder lernen mithilfe eines erwachsenen Begleiters und eines zuvor angefertigten Stadtplans ihre Wohnungsumgebung kennen. Sie suchen für sie wichtige und interessante Orte und Einrichtungen auf.

Aufgaben können z. B. sein:

- Wo steht das kleinste Haus auf dem Marktplatz, das höchste Gebäude der Stadt, der alte Brunnen, das Denkmal, eine Telefonzelle mit Kartentelefon?
- Welches ist der kürzeste (oder sicherste) Weg vom Kindergarten zum Marktplatz?
- Wo ist der schönste öffentliche Spielplatz?

Nach einer Stadtexkursion werden die Beobachtungen, Erlebnisse und Eindrücke dokumentiert, z. B. durch Fotos und gemalte Bilder, die gemeinsam auf Karton geklebt und im Gruppenraum aufgehängt werden. Als „Umweltforscher" können wir mit den Kindern einen Besuch bei der Müllentsorgung durchführen oder bei unserem Ortsbummel einmal besonders darauf achten, in welchem Zustand sich Straßen und Kinderspielplätze befinden. Auch hier geht es wieder um spielerisches Orientieren, Suchen, Informieren, Sammeln und Dokumentieren.

Träumen und entdecken

Material: siehe Spielverlauf
Geförderte Kompetenzen: Wahrnehmung, erkennen, benennen, verbalisieren können, Wissenserweiterung

Auch Kinder brauchen Ruhephasen als Ausgleich zu Aktion, Lärm und Hektik im Alltagsgeschehen. Das meist unausgesprochene Bedürfnis nach Entspannung lässt sich mit einigen leiseren Beschäftigungen befriedigen. Bei dieser kleinen „Entspannungsübung" finden die Kinder innere Ruhe zum Träumen und können dennoch das eine oder andere beobachten und entdecken.

- *Stein reiben*
  Einen glatt gewaschenen Stein zwischen die Hände nehmen, ihn hin und her reiben, bis er ganz warm wird.
- *Muscheln, Baumrinde und Kastanien streicheln*
  Eine schöne Muschel in aller Ruhe ganz bewusst und genau anschauen und streicheln. Ihre Rillen abtasten. Falls keine Muscheln zur Hand sind, setzen Sie Kastanien, Baumrinden, Kork u. a. ein.
- *Wassermaler*
  Mit einer Gießkanne Bilder in den Sand gießen – zum Beispiel einen Baum. Oder einfach nur Linien. Zuschauen, wie das Bild wegtrocknet.
- *Himmlische Träume*
  Die Kinder legen sich auf den Rücken ins Gras (auf Decken), schließen zunächst eine Weile die Augen, öffnen sie dann und schauen in den Himmel. Eine Wolke am Himmel wird ausgesucht und es wird beobachtet, wie sie schnell oder langsam über den Himmel zieht und wohin sie wandert. Manche Wol-

ken haben Gesichter oder die Form von Tieren und wundersamen Gestalten wie Gnomen oder Watteschafen. Die Kinder können auch die Vögel bei ihren Flugbahnen mit den Augen verfolgen. In den Sommermonaten kann man vielerorts auch sehen, wie Fesselballons, kleine und große Flugzeuge am Himmel ihre Bahnen ziehen.

Spannender Spaziergang

| | ab 5 Jahren | 6–20 Kinder |

Material: keines
Geförderte Kompetenzen: konzentrierte Wahrnehmung, Aufmerksamkeit, Konzentration

Ein ganz schlichter Spaziergang in der Dunkelheit ist für Kinder ein Erlebnis. Der Spaziergang sollte möglichst in einem verkehrsfreien Gebiet stattfinden. Die Erzieherin sollte das Gelände gut kennen und es vorher abgelaufen sein. Für den ersten Spaziergang bietet sich eine kurze Strecke an, falls einige Kinder bald zurückmöchten.

Während des Spaziergangs wird ab und zu angehalten und die Kinder sind einen Augenblick still.

Wir ...
- ... achten auf Geräusche der Nacht,
- ... sehen den Sternenhimmel an und halten Ausschau nach bekannten Sternzeichen,
- ... atmen tief durch und achten auf die verschiedenen Gerüche.

Was lässt sich in der Dunkelheit noch alles entdecken? Für diese Aktion versuchen wir, Eltern als begleitende Helfer zu finden.

Ideenfabrik

 ab 4 Jahren  6–20 Kinder

Material: siehe Spielverlauf
Geförderte Kompetenzen: kreatives Denken, Fantasie entwickeln, Ideen äußern, verbalisieren

Kreatives Denken bedeutet, dass man sich manchmal von Schubladen entfernen muss. Kinder können das meist „noch" viel besser als Erwachsene. Dieses Spiel erlaubt den Kindern, ihre Fantasie ungehindert schweifen zu lassen.

Die Pädagogin zeigt auf einen Gegenstand im Raum und fragt, wofür man ihn verwendet. Sie deutet beispielsweise auf einen Teller. Nachdem die Kinder die übliche Verwendung erklärt haben, fragt die Pädagogin, wozu man ihn noch benutzen könnte. Die jetzt geäußerten Ideen der Kinder verblüffen immer wieder: Einer will den Teller als Steuer für einen Formel-I-Rennwagen benutzen, ein anderer sieht ihn als Schaufelersatz zum Lochgraben, als Schallplatte, Sonnenblende, Dach für ein kleines Häuschen, Spielfläche fürs Murmelkreisen, UFO, Disk-Scheibe, Satelliten-Schüssel, Tischtennis-Schläger und vieles mehr. Versuchen Sie dasselbe mit anderen Gegenständen. Jeder Raum des Kindergartens hat etwas zu bieten.

Haben Sie schon einmal daran gedacht, Ihre Matratze zu benutzen, um ihr Raumschiff vor Meteoriten zu schützen? Kinder finden derartige Ideen einfach galaktisch.

Brettspielerfinder

Material: Fotokarton, Filzer, 10-Cent-Stücke, Würfel
Geförderte Kompetenzen: Ideen äußern, Kreativität, Fantasie, feinmotorische
Geschicklichkeit, Regelverständnis, Spielfreude

Auf einem der größeren Papierstücke oder mehreren zusammengeklebten kleinen stellen wir ein Spielfeld her. Jedes Kind zeichnet zehn Cent große Kreise in das Spielfeld. Start und Ziel werden gekennzeichnet, die Felder nummeriert. Nun darf sich jedes Kind zwei oder drei Dinge überlegen, die derjenige tun muss, der ein bestimmtes, vom Spielpartner gekennzeichnetes Spielfeld erreicht hat, z. B. eine Reihe häkeln, ein Lied singen, den letzten Streich erzählen, berichten, worüber die Eltern das letzte Mal geschimpft haben, mit einem Kind den Pullover tauschen, einen bestimmten Gegenstand suchen u. Ä. Jeweils drei bis 4 Kinder stellen ein Spiel her, denken sich entsprechende Symbole für die zu verrichtenden Tätigkeiten aus und entwickeln ein möglichst eigenständiges „Brettspiel".

Fotosafari

Material: einfache Fotoapparate, Filme
Geförderte Kompetenzen: genaues Beobachten, (fein)motorische
Geschicklichkeit, Kreativität, erkennen, benennen können, Wissenserweiterung

Mit Kindern vom Grundschulalter an können wir uns auf eine Fotosafari begeben. Nachdem grundsätzliche Informationen zur Handhabung des Fotoapparates gegeben wurden, findet eine gezielte Fotoaktion statt. Für Einzel- und Gruppenreportagen bieten sich z. B. folgende Motive an:

- Landschaften: Wald, Wiese, Felder, Ernte, Wolkenberge ...
- Nahaufnahmen: (je nach technischer Möglichkeit) Blumen, Schmetterlinge, Zweige, Kleintiere, Hausrat ...
- Jahreszeiten: Frühlingsmotive, Schneeaufnahmen, Eiskristalle, Sonne in den Morgenstunden ...
- Garten: Blumen, Bäume, Sträucher, Stauden, Blüten ...
- Weitere „Wahrnehmungsmotive": Menschen, Tiere, Zoo, Aquarien.

Materialien, die zum Entdecken, Experimentieren, Begreifen und Handeln anregen

Die folgenden Gegenstände, die für eine Reihe von Spielen benötigt werden, lassen sich schnell auftreiben und sind in den meisten Einrichtungen und im Haushalt vorhanden:

A
Abfallprodukte des Haushalts
(z. B. Blechdosen, Joghurtbecher,
Kartons, Tüten)
alte Radioapparate zum Demon-
tieren
Aquarium, Terrarium, Herbarium
ausrangierte Telefone

B
Backblech
Band
Bast
Baumaterial/Bauelemente/Bausteine
aus Holz und Kunststoff
Behälter (Tassen, Gläser, Flaschen,
Schalen, Schüsseln, Dosen, Blu-
mentöpfe)
Bettlaken und große Tücher
Bildkarten
Blumen- und Gemüsesamen
Blumenerde
Borten
Büroklammern
Bürsten und Kämme

C
CD-Player und CDs zu unterschiedlichen Themen

D
Digitalkamera
Draht

E
Eimer

F
Farbkästen und Pinsel
Ferngläser
Filzstifte in verschiedenen Farben
und Stärken
Folien
Fotoapparate
Fotos, Illustrierte, Plakate, Zeitun-
gen, Versandhauskataloge

G
Garne
Gegenstände aus Holz, Metall,
Plastik
Gewichte, Feder-Waage, Tafel-Waage
Gießkannen und Gartengeräte
(Schaufeln, Harken, Pflanzstöcke
usw.)
Gläser mit Schraubverschluss zum
Aufbewahren
Gläser, Schachteln und Kartons
zur Aufbewahrung von Natur-
materialien
Glasperlen

Glühbirnen, Batterien, Klingeldraht
Gummibänder

H
Haarföhn
Holzbretter/Spanplatten als Unterlagen für Collagen und Montagen

J
Jutesäcke

K
Kartons in allen Formen und Größen
Kassettenrekorder (Kassetten mit Musik- und Geräusch-Aufnahmen)
Kerzen
Kittel und Schürzen
Klebstoffe (Kleister, Leim, Uhu, Tesaband)
Knöpfe
Konstruktionsspielzeuge
Korken in verschiedenen Größen
Küchengeräte

L
Lametta
Lebensmittelfarben
Lederreste
Löschpapier
Luftballons
Lupen und Vergrößerungsgläser

M
Magnete in Stab-, U-, V- und Hufform
Malstifte (Buntstifte, Wachsstifte, Fingerfarben)
Markierungsmaterial (Kreiden, Kreppband, Fähnchen, Stühle u. a.)
Metallfolien
Modelliermasse (Ton, Knetgummi, Fimo)

Münzen
Murmeln
Musikinstrumente (auch selbst angefertigte)

N
Naturmaterial (Steinchen, Äste, Muscheln usw.)

P
Paketschnur
Papier (verschiedene Sorten)
Pappröhren in verschiedenen Größen
Pelzreste
Pfeifenreiniger
Plastiksäcke

R
Reißzwecken

S
Scheren
Schminke
Schuhkartons
Schwämme
Seifenblasenmixturen
Sicherheitsnadeln
Spiegel
Spielzeuge
Spülmittel
Stempelkissen (mit auswaschbarer Farbe)
Stoffreste
Stopfnadeln und feste Fäden
Streichhölzer und Streichholzschachteln (getrennt)
Styropor (Platten und Verpackungsreste)

T
Tablett
Tapetenrollen
Taschenlampen

Thermometer
Tischtennisbälle
Trichter
Tücher
Tüten

U
Uhren (mechanische und elektrische
zum Auseinandernehmen)

V
Verkehrskiste
Verkleidungskiste

W
Wäscheklammern
Watte
Wellpappen
Werkzeuge (Bohrer, Schraubenzie-
her, Feilen, Hammer, Zangen
usw.)
Wolle

Z
Zahnstocher
Zeitungen

Literatur

Brandt, P./Thiesen, P. (1999): Umwelt spielend entdecken. Weinheim und Basel: Beltz

Dreier, A. (2010): Was tut der Wind, wenn er nicht weht? Begegnung mit der Kleinkindpädagogik in Reggio Emilia. Berlin: Cornelsen Scriptor

Evers, M. (Hrsg. Thiesen, P.) (1994): Das Spielgruppenbuch. Weinheim: Beltz

Gottstein, I. (Hrsg. Thiesen, P.) (2004): Ram sam sam und Pimpelchen. Spielen, Singen und Gestalten mit Kleinkindern. Weinheim und Basel: Beltz

Götte, R. (2002): Sprache und Spiel im Kindergarten. Praxis der ganzheitlichen Sprachförderung im Kindergarten. Berlin: Cornelsen Scriptor

Krempien, C. (Hrsg. Thiesen, P.) (2004): 50 bildnerische Techniken. Ein Arbeitsbuch für Kindergarten, Hort und Grundschule. Berlin: Cornelsen Scriptor

Lentes, S. (Hrsg. Thiesen, P.) (2004): Ganzheitliche Sprachförderung. Ein Praxisbuch für Kindergarten, Schule und Frühförderung. Berlin: Cornelsen Scriptor

Thiesen, P. (1999): Konzentrationsspiele für Kindergarten und Hort. Lebendige Förderung ohne Dressur und Streß. Freiburg: Lambertus

Thiesen, P. (1999): Kartonwelten, Kuhkunst und Klangtunnel. Weinheim: Beltz

Thiesen, P. (2001): Wahrnehmen, Beobachten, Experimentieren. Spielerische Sinnesförderung in Kindergarten und Grundschule. Weinheim: Beltz

Thiesen, P. (2007): Beobachten und Beurteilen in Kindergarten, Hort und Heim. Berlin: Cornelsen Scriptor

Thiesen, P. (2009): Arbeitsbuch Spiel. Für die Praxis in Kindergarten, Hort, Heim und Kindergruppe. Troisdorf: Bildungsverlag EINS

Thiesen, P. (2010): Die gezielte Beschäftigung im Kindergarten: Vorbereiten, Durchführen, Auswerten. Freiburg: Lambertus

Thiesen, P. (2010): Komm, lass uns draußen spielen! Mehr als 200 Spiele für Garten, Hof & Co. Berlin: Cornelsen Scriptor

Thiesen, P. (2010): Spielend durch das Jahr in Kindergarten und Hort. Mehr als 250 Spiele für drinnen und draußen. Berlin: Cornelsen Scriptor

Thiesen, P. (2010): Klassische Kinderspiele. Neu entdeckt für Kindergarten und Grundschule. Weinheim und Basel: Beltz

Wehrmann, I. (Hrsg.)(2004): Kindergärten und ihre Zukunft. Weinheim und Basel: Beltz

Zimmer, R. (2004): Handbuch der Bewegungserziehung. Grundlagen für Ausbildung und pädagogische Praxis. Freiburg: Herder.

Spieleverzeichnis